Eduard Jacobs

Schierke

Geschichte des früheren Hütten - Jetzt kurorts

Eduard Jacobs

Schierke

Geschichte des früheren Hütten - Jetzt kurorts

ISBN/EAN: 9783741172175

Hergestellt in Europa, USA, Kanada, Australien, Japan

Cover: Foto ©ninafisch / pixelio.de

Manufactured and distributed by brebook publishing software (www.brebook.com)

Eduard Jacobs

Schierke

Altvater Brockens grauen Klippen
Entspringt ein kräftig hehres Felsenkind;

Schierke.

Geschichte des früheren Hütten- jetzt Kurorts.

Von

Dr. Ed. Jacobs.

Mit Titelverzierung, Abbildungen im Text und Beispielen der Schierker Mundart.

Wernigerode,
Druck und Verlag von B. Angerstein.
1896.

Inhalt.

1. Die früheste Kunde von der Schierker Gegend 1—10
2. Die ersten Mühlenanlagen zu Schierke . . . 11—20
3. Der Hüttenort Schierke . . . . 20—28
4. Die wirtschaftlichen Anlagen und Betriebe in Schierke außer dem Eisenhüttenwerk . . . . 28—39
5. Die Ansiedler, ihre Gerechtsame und Nahrung 39—53
6. Geistiges Leben, Kirche und Schule . . . . 53—60
7. Die Erschließung des Schierker Thals . . . 60—71
8. Schierkes Natur in ihrem Einfluß auf Leib und Gemüt . . . . 71—86
9. Das neue Schierke . . . . 86—101
Kleine Erzählungen in Schierker Mundart . . . 102—104
Bemerkungen über geologische Verhältnisse . . . 105—107
Flora im Gebiete von Schierke und dem Brocken 108—109
Gesundheitspflege . . . . 110—112
Gruß an Schierke . . . . 113—115
Empfehlenswerte längere und kürzere Spaziergänge in die Umgebung von Schierke . . . . . . 116—117
Von der Bewölkung des Brockens hergeleitete Wetterregeln . . . . 118—120
Post- und Verkehrswesen . . . . 121—122
Geschäfts-Anzeiger.

1. Die früheste Kunde von der Schierker Gegend.

Tief im Harze hinter dem Hochgipfel des Brockens und an einer der unzugänglichsten Stellen des Gebirges gelegen, konnte das enge, einst noch weit mehr wie jetzt mit Granitklippen besäte Waldthal am Oberlauf der kalten Bode erst zur Zeit einer fortgeschrittenen Kultur in Deutschland der Ort für eine feste Siedelung werden. Aber längst bevor es zu einer solchen kam, zeigten sich hier Spuren eines geschichtlichen Lebens bis in die Zeiten zurück, wo während des Waltens der Kaiser aus sächsischem und salischem Stamme ein mächtiger Strom geistiger und politischer Bewegung das reichgegliederte Harzgebirge umflutete. Bis in unsere Tage hinein sind die Namen und Spuren von Wegen, sogenannten Kaiserstraßen, vorhanden, die von den Königsburgen und -Sitzen Harzburg und Goslar aus teils auf die gleich südöstlich von Schierke gelegene Hochebene mit den königlichen Häusern Bodfeld und Königshof führten, teils zwischen Harzburg und dem königlichen Nordhausen das Gebirge querten. Von dieser letzteren Straße bog zwar der Hauptarm über das spätere Braunlage nach dem Bodfeld ab, ein Nebenzweig aber, der den Namen Ulmer Weg[1] erhielt, nahm zwischen Königsberg und Ahrensklint einerseits

---

[1] Eine handschriftliche Karte des Elbingeröder Forstes aus der ersten Hälfte des vorigen Jahrhunderts hat: Oldmer'scher Weg.

und dem Wurm- und Winterberge andererseits einen ebenfalls südöstlichen Zug über den Sandbrink mit Benutzung des Bodethals auf Elend und weiter auf das Bodfeld, allerdings nicht in der Thalsohle, sondern an den dem späteren Schierke gegenüber liegenden Gehängen, so daß man von dort ins Thal hinabschaute. Selbst in dem engen Eckerthal hat man an den Pesekon, gleich westlich vom Brocken, die Spuren einer vom Austritt dieses Gewässers aus den Bergen durch den Harz über Elend und bis zum südlichen Ausgang des Gebirges im Hohnsteinschen führenden Elendstraße beobachtet. So bahnte sich ein doppelter Wagemut, wovon der eine sich auf die männliche Lust am Weidwerk, die andere auf die barmherzige Pflege des einsamen Wanderers und Kaufmanns richtete, die Pfade durch das rauhe und unaufgeschlossene Gebirge.

Aber es drängt uns der hier mitten am Nordharze mehrfach vorkommende Name Heidenstieg die Frage auf, ob nicht noch aus einem ganz anderen Anlaß ein dem Christentum zähe widerstrebender Teil des alten Sachsenvolkes jene Wege im schwer zugänglichen Gebirge schon vor der deutschen Kaiserzeit als willkommene Rückzugslinien benutzt habe. Abgesehen von der Bezeichnung Heidenstieg selbst scheinen bei dem späteren Schierke einige Namen wie mit steinerner Kurzschrift auf heidnische Vorstellungen, die mit den betreffenden Oertlichkeiten in Verbindung gebracht wurden, hinzudeuten.

Unter diesen Benennungen, welche eine Beziehung zur heidnischen Götter- und Geistersage zu enthalten scheinen, haben wir der einer Klippenbildung auf dem

Schierke unmittelbar gegenüberliegenden Barenberge zu gedenken: Ums Jahr 1520 wird in einem Elbingerödischen Einnahme-Verzeichnisse zweimal ein Thorsthor (Torstor) erwähnt. Daß der Name in den heutigen Scherthorklippen und dem Schersthor fortlebt, ist unzweifelhaft; dagegen halten wir es für nicht unwahrscheinlich, daß ursprünglich die benachbarten Schnarcherfelsen, deren heutiger Name uns erst seit dem vorigen Jahrhundert bekannt ist, unter jenem alten Namen zu verstehen sind. Erwecken doch diese wunderbaren Felspyramiden die Vorstellung eines in Trümmer gesunkenen Riesenthors, dessen Holm oder Oberschwelle herunter gestürzt und verschwunden ist. Gerade bei dem Namen Thorsthor können wir beobachten, wie sehr man dessen Bedeutung später verkannte. Denn mag auch im Jahre 1744 einmal ein Gelehrter, von richtigem Sprachgefühl geleitet, die ältere Gestalt in Zörsthor weiter bilden, so weisen doch die herrschenden Formen Sörsthor, Söslhor, Sehersthor (fast möchte man hier an einen Lesefehler denken!), Schersthor auf das mangelnde Verständnis von der ursprünglichen Bedeutung hin.

Wie diese beiden vereinzelt auftretenden Felsen an ein Götter- oder Riesenthor, so erinnern andere mit einer eigenartigen Regelmäßigkeit emporgerichtete teilweise auch querliegende granitige Felsgebilde an vollständige uralte Bauten oder Burgen von Göttern und Riesen, die dann in der christlichen Zeit als Teufelsburgen oder -Schlösser erscheinen. Die noch heute bekannte Teufelsburg links an der oberen Holtemme finden wir schon in der Mitte des 16. Jahrhunderts erwähnt (1549). Aber auch im alten Beholzungsgebiet der Schierker Sägemühle nennt eine Holzrechnung von 1611/12 eine Teufelsburg wiederholt mit der Hohne zusammen. Es fehlt ja gerade dort an solchen Klippen nicht.

Von weiteren alten Namen in der Gegend hat ferner seinen unzweifelhaften Ursprung in den Vorstellungen von einer unheimlichen Geisterwelt der, mit welchem jene Klippen südlich der Hohne am Wormkegraben belegt wurden, die jetzt dem Besucher so leicht zugänglich gemacht sind. Es ist der Truten- oder Trautenstein, auch Drugstein (1575). Truten und Trutnerinnen sind Zauberer und Zauberinnen. In einem Nachtfahrersegen aus dem 13. Jahrhundert werden trute unde mar, albes mutir trute unde mar zusammengestellt.[1] Dieselbe Vorstellung gab einer in mittelalterlichen Quellen bezeugten Klippe weiter östlich im Blankenburgischen Harz und danach weiter dem Hüttenwerk und Dorf Truten- oder Trautenstein den Namen.

Wenn aber das Thorsthor, die Teufelsburg und der Trutenstein von altheidnischen Vorstellungen Zeugnis geben, so bewahren verschiedene andere Namen im Schierker Waldgebiet ebenso die Erinnerung an die ehemaligen Besitzer und häufigen Besucher des alten Harzischen Reichsbannforsts, die deutschen Könige und Kaiser. Denn da, wo die von Goslar und Harzburg heraufführenden Kaiserstraßen die Gegend unmittelbar südlich vom Brocken

---

[1] Vergl. Harzzeitschrift 28 (1895) S. 366 f., wo auch darauf hingewiesen ist, wie infolge eines Irrtums diese Klippenpartie statt einer anderen auf dem Pferdekopf jüngst die Bezeichnung Königinkapelle erhalten hat.

erreichen, finden wir in Quellen vom 15. und 16. Jahrhundert an einen Königsberg, Königsbach und -Born, Königinkapelle,¹ also aus einer Zeit, wo es in deutschen Landen keinen König außer dem Kaiser gab.

An einigen weiteren Orten enthalten nun aber Benennungen, die über die Zeit hinaus bekundet sind, wo es hier feste Siedelungen gab, auch Zeugnisse von einer hier regelmäßig geübten Erwerbsthätigkeit. Es sind die Namen Schuppenberg, Ladeställe und Moorschlacken. Der erste Name für das gleich oberhalb Schierke zwischen Ahrensklint und Quitschenhäu zur Bode ausmündende ziemlich geräumige Thal — zunächst den Berg, an dessen Fuße das Thal sich ausbreitet — ist zu Anfang des 15. Jahrhunderts bereits vorhanden. Wir haben darin ein unzweideutiges Zeugnis für die schon damals hier ständig betriebene Holzköhlerei zu erblicken. Denn wenn auch erst Forstrechnungen seit Beginn des 17. Jahrhunderts das Vorhandensein eines Kohlenschuppens — oder einer Schuppe, Schoppe, wie man zu Lande sagte — gerade an dieser Stelle unmittelbar bezeugen, und wenn darin oft von Kohlen die Rede ist, die dahin gefahren wurden, so kann doch nicht bezweifelt werden, daß Berg und Thal nach einem solchen Schuppen und mittelbar nach der Köhlerei jenen nicht mißzuverstehenden Namen erhielt. Ein altes Weistum

---

¹ Das Nähere über die Königinkapelle s. a. a. O. S. 367 f. Auf einem 1766 kopierten, auf älteren Vermessungen fußenden Grundriß der Elbingeröder Forsten heißt eine bekannter kleine Klippe im Schuppenthal irrtümlich: Könniden-Kapelle oder der Mönch.

sagt nur zu Anfang des 15. Jahrhunderts, daß der Schoppenberg und seine Nachbarschaft zur Försterei in Wernigerode gehörte, und sobald seit im 16. Jahrhunderts Amtsrechnungen uns sichere Andeutungen über jene abgelegenen Oertlichkeiten darbieten, hören wir von dem bescheidenen Hege- oder Waldzins, der von den einzelnen Haien und Forstorten zu entrichten war. Sie gedenken aber mit keinem Worte der Nutzung und der Erwerbsthätigkeit, für welche diese Abgabe an den Grundherrn gezahlt wurde.

Wie weit nun jene Köhlerei unterm Brocken zeitlich zurückreicht, läßt sich mit Bestimmtheit nicht sagen. Wenn uns von zuverlässiger Seite mitgeteilt wird, daß sich zwei Meter tief unter dem Moor des Brockenbetts Spuren einer regelmäßigen Feuerstätte mit Holzkohlenasche gefunden haben, so muß es sorgfältiger Prüfung einer vergleichenden Forstwissenschaft vorbehalten bleiben, wie eine solche Beobachtung für die Altersbestimmung des Köhlereiwesens im Brockengebiete zu verwerten ist.

Ebenso klar wie die Bedeutung des Namens Schuppen- oder Schoppenberg und -Thal, die auch durch sich wiederholende gleiche Benennungen im Harz, z. B. im Hohnsteinschen Forst, noch mehr gesichert wird, ist die in dem Elbingerödischen Grenzzuge von 1518 vorkommende Bezeichnung Ladestet oder Ladestätte. An dem Straßenzuge von Osten her nach dem Thal der oberen kalten Bode zu an den Feuersteinen gelegen, wo man in das Thal hinabsieht, war diese Stelle vor andern Oertlichkeiten in der Nachbarschaft zum Ab- und Aufladen von Erzeugnissen des Waldes und Gebirges besonders geeignet.

Wir finden daher unter ähnlichen Verhältnissen auch denselben Namen bei der den Harz durchsetzenden Kaiserstraße an der Walkenrieder Grenze wieder.

Nicht minder bedeutsam als Urkunde einer schon in mittelalterlicher Zeit im Schierker Thale geübten Erwerbsthätigkeit sind die tief im Moor gebetteten Moorschlacken oberhalb Schierke auf dem rechten Ufer der Bode. Denn hier kommen zu dem Namen die Schlacken selbst. Nur noch im ersten Viertel des 16. Jahrhunderts ist uns die richtige Benennung Morslagken oder Moorschlacken bezeugt, dann wird sie, begünstigt durch die in weiteren Schichten beliebte Vorstellung von Mord und Todschlag, in Mordschlacken, gelegentlich auch Mordschlag, selbst Mordschlange entstellt. Durch ihre Eigenschaft als Kupferschlacken weisen diese Ueberbleibsel alten bergmännischen Betriebes auf Goslar und auf eine Verhüttung Rammelsberger Erze hin. Einen unmittelbaren Beleg über den Betrieb einer Hütte an dieser Stelle aus den zwar reichen, immerhin aber sehr unvollständigen Schätzen des Archivs der alten Reichsstadt zu gewinnen, ist uns nicht gelungen. Da wir jedoch wissen, daß im späteren Mittelalter eine ganze Reihe Goslarscher Hütten im nordwestlichen Harze zerstreut lagen und daß es deren in der Grafschaft Wernigerode zu Anfang des 14. Jahrhunderts drei gab, so wird man annehmen dürfen, daß um dieselbe Zeit, wo man auch am Wurmberge Eisen brach, die betriebsamen Reichsstädter ihre bergmännischen Unternehmungen auch bis ins Thal der kalten Bode ausdehnten.

Natürlich war aber die älteste bis in so entlegene Gebiete vordringende Thätigkeit des Menschen auf die Wald- und Forstnutzung gerichtet. Daher werden denn auch die Oertlichkeiten bei dem späteren Schierke, da wo ihr Name zuerst zur Zeit Graf Heinrichs von Wernigerode († 1429) erklingt, als Zubehör der Försterei, des Forstreviers von Wernigerode aufgeführt. Es sind: „dat blek to dem Sande, de Konnigsberg, de Schlochtere, dat Stervedhal, de Schoppenberg, de Urneskklint, de Hone." Von diesen Forstorten ist es der gleich über Schierke gelegene Urnesklint, der eher als alle andern in einer noch vorhandenen Pergamenturkunde vom Jahre 1411 genannt wird. Er gehörte bis zu jenem Jahre den Bürgern von Wernigerode. Da aber der Graf hier sein Waldgebiet abrunden wollte und die Bürger gern ein par östlich davon gelegene, leichter erreichbare Forstorte als Ersatz annahmen, so erhielten sie als solche das Amelungsfeld und die Hagedorne am späteren Isaak und Ulteheg.[1] Aus dem Tauschbriefe entnehmen wir, daß schon damals, wo der Wald vor dem Beginn einer nachhaltigeren Forstnutzung und -Kultur durchgängig noch Mischwald war, die Tanne in diesen Revieren bereits entschieden vorherrschte.

Mit der Bezeichnung de Schlochtere oder Schluchtere, auch Sluchter oder Sluffter, ist zunächst an das Thal des Schluftwassers, dann an den darüber gelegenen Schluftkopf zu denken. Schlufter wird ein Graben oder enge Rinne genannt, die durch Gewitter oder herabströmendes Schneewasser entstanden ist. In neuerer Zeit ist der

---

[1] Harzzeitsch. 28, S. 365 und die dazu gehörige Kartenskizze.

nach seiner Bedeutung nicht mehr verstandene Name in Schluft verkürzt. „De Hone" ist die Hohne, die früher als ein durch das Knaupholz abgetrenntes Waldgebiet zum Schierker Reviere gehörte. Unter dem „blek to dem Sande" (1527 Santbringk) ist der Sandbrink oder die Sandbrinke bei den Bodequellen zu verstehen. Wir erwähnten schon, wie dieser Forstort bis zum Ende des 16. Jahrhunderts zur Grafschaft Wernigerode gerechnet wurde,[1] früher auch das Rote Bruch.[2]

Zur Forstnutzung gehört auch die Jagd in ihrem weitesten Umfange mit Einschluß der auf Federwildpret und der wilden Fischerei. Je weiter zurück um so mehr trat diese Jagd auch als Erwerbsmittel vor sonstiger Betriebsamkeit hervor. Allerdings war bis ins 16. Jahrhundert die Fischerei im Schluftwasser und in der kalten Bode bis zu ihrem Eintritt ins Elbingeroedische noch so unbedeutend, daß beide in einer Aufführung der Güter und des Zubehörs der Grafschaft Wernigerode vom Jahre 1558 noch nicht unter den Fisch- und Hegewassern aufgeführt werden, was aber in einem späteren aus dem Jahre 1641 geschieht.[3] Die hohe Jagd übten die deutschen Könige hier im größten deutschen Reichsbannforst schon im 10. Jahrhundert. Gerade die Forstorte unmittelbar bei Schierke werden als Jagdgebiet zum ersten Male in den Verträgen aufgeführt, in denen in den Jahren 1590 und 1593 Graf Wolf Ernst zu Stolberg die

---
[1] Harzzeitschrift 26, (1893) S. 421 f.
[2] Das. 11 (1878), S. 437.
[3] Verzeichnisse des Zubehörs der Grafschaft Wernigerode, Güter, Teiche, Fischwasser u. s. f. F. H.-Arch. B. 60, 1.

hohe Jagd in seinen Forsten auf eine bestimmte
Frist dem Herzog Heinrich Julius von Braunschweig
überließ. Als Jagdgründe werden darin aufgeführt
der Große und Kleine Brocken, Hohne, Jsaak,
Spitzen- und Knaupholz, der Ort am Knüppelwege,
Uhrensklint, Brockenbeit, Brockenstieg (Brücknerstieg),
Schluft, Königsberg, Sandbrink bis an die Bode
und das Sterbethal.[1] Es wird hier neben der Jagd
auf Hirsche, Rehe, Sauen auch das Jagen und
Schießen auf Bären und Wölfe ausdrücklich hervor-
gehoben. Auch der Luchs konnte nicht fehlen, da er hier
erst Jahrhunderte später verschwand. Von Federwildpret werden Birk- und Auerhähne namhaft gemacht.

Sobald im Jahre 1669 für Schierke ein besonderer
Förster bestellt wurde, sehen wir demselben die
Aufsicht über die Jagd und Wildbahn sogar noch
vor der Sorge für die engere Forst- oder Holz-
nutzung anbefohlen. Der Jagdgewinn, den er
ausnahmslos an den gräflichen Hof abzuliefern
hat, wird nicht nach den einzelnen Wildgattungen
bezeichnet; nur werden unter dem Geflügelwild
Auerhähne, Schnepfen und Haselhühner erwähnt.

Der unter den obigen Jagdgründen an letzter
Stelle genannte Forstort, zu Anfang des 15. Jahrhunderts Stervedhal, 1512 Sterbetayl, 1525
Sterbtal, kommt für die Geschichte von Schierke
vor allen andern in Betracht, weil er die Stelle
bezeichnet, wo unser Gebirgsdorf sich später erhob
und mit seinem Namen, der ursprünglich nur eine
kleinere Oertlichkeit in jenem Thale bezeichnete, den
älteren und umfassenden bald vollständig verdrängte.

---

[1] Harzzeitschrift 26 (1893), S. 423—430.

2. Die ersten Mühlenanlagen zu Schierke.

In unseren bis hierhin berührten Nachrichten und bis über die Mitte des 16. Jahrhunderts herab fanden wir keine Spur einer festen Siedelung in dem zwischen dem Amt Elbingerode und der Grafschaft Wernigerode geteilten Felsenthal der kalten Bode oberhalb Elend. Als aber im engsten ursächlichen Zusammenhange mit den wirtschaftlichen Nöten der erlauchten Landesherren die auf möglichst reichen und schnellen Geldgewinn berechneten gewerblichen Anlagen sich auf dem Regensteinschen und Stolbergischen Harze überaus schnell vermehrten, da kam auch für den einsamen Gebirgswinkel des Sterbethals die Zeit, wo neben dem einsamen, halbnomadischen Köhler und dem streifenden Jäger, Fisch- und Vogelfänger Leute mit einer an einen bestimmten Ort gebundenen Thätigkeit traten. In dem an Naturschätzen unter und über der Erde reichen, damals noch in den Händen der Grafen zu Stolberg befindlichen Amt Elbingerode wurde so eifrig geschürft, daß sich darin statt einzelner in mittelalterliche Zeit zurückreichender Hütten deren acht und gleichzeitig nicht weniger als eine gleiche Zahl von Sägemühlen vorfanden, durch welche mit solchem Eifer auf das dichte grüne Waldeskleid losgeschlagen und gesägt wurde, daß dies nicht ohne nachhaltige Schädigung der Forstwirtschaft geschehen konnte. Eine dieser Schneidemühlen, die zu Elend, wenig unterhalb des Sterbethals, war im Jahre 1506 bereits im Gange: Endlich gab es dann bei den Moorschlacken im obersten Bodethal im Jahre 1575 auch bereits eine solche Mühle, die herrschaftliches Zinsgut war.

In unmittelbarem Zusammenhange mit der so eifrig betriebenen Verwertung der Forsten steht ein am 13. Mai 1531 zwischen den Grafen zu Stolberg und Regenstein abgeschlossener Holzflößvertrag, kraft welches beide Herrschaften von drei zu drei Wochen abwechselnd auf der Bode flößen sollen, die Regensteiner den Grafen zu Stolberg eine Stelle zum Holzhof in Thale, beim Austritt der Bode ins Land, die Gelegenheit zum Verkohlen des Holzes und zur Anlage von Sägemühlen einräumen. Infolge des Bestrebens nun, die bei ihrer Abgelegenheit nur geringe Waldzinse einbringenden Holzberge an der kalten Bode: Königsberg, Ahrensklint, Feuersteine u. a. zu einer reicher und schneller lohnenden Erwerbsquelle zu machen, entstand in der zweiten Hälfte des 16. Jahrhunderts auch auf der nicht sehr ausgedehnten Grenzstrecke der Bode gegen das Amt Elbingerode hin eine Holzschneidemühle, die im Frühjahr 1580 bereits in voller Thätigkeit war. Von Ostern 1580 bis dahin 1581 schnitt sie 143 große Fuder Dielen, jedes zu dreißig Stück, die einen Wert von 286 Thalern hatten. Im Oktober des letzteren Jahres war so viel Holz geschnitten, daß man davon einen Zins von gegen hundert Thaler erwartete.

Das Werk wird in unseren Quellen nur als die Sägemühle unter dem Brocken bezeichnet. Da es in der Graffchaft Wernigerode lag, so kann es, soweit die Bode in Betracht kommt, nur bei dem späteren Schierke gelegen haben. Freilich konnte auch ein solches Werk, wenn es an der oberen Ecker etwa beim Eckerloch lag, Sägemühle unter dem Brocken genannt werden.¹ In beiden Fällen muß die Mühle bald zerstört worden sein, was bei dem häufigen Hochwasser, wie es bei diesen Harzflüssen vorkommt, nicht sonderlich auf‑ fallen kann. Eine Vermutung über das Alter dieser ersten Mühle unter dem Brocken glaubten wir erst an die Thatsache knüpfen zu können, daß sich 1836 auf dem Hause des Hammerschmieds Friedrich Wenzel eine Wetterfahne angeblich mit der Jahres‑ zahl 1575 befand.² Freilich konnte die Fahne für die Altersbestimmung des Hauses, auf welchem sie angebracht war, nicht in Betracht kommen, da dieses erst in einem späteren Jahrhundert gebaut wurde. Dagegen ergab sich nun bei einer näheren Prüfung der im Jahre 1889 von einem Nachkommen Friedrich Wenzels heruntergenommenen Fahne, daß

---

¹ Doch ist daran zu erinnern, daß ziemlich hoch an der Ecker um diese Zeit (1537) am Kolförbe (Kolfoer) auf Gräfl. Stolbergischem Boden der Fürstl. Braunschweigische Oberförster Peter Brünig eine Sägemühle hatte. Harzzeitschrift 11 (1878), S. 441. Wenn am 15. Januar 1589 eine Sägemühle am Königsberge errichtet wurde, so kann dabei doch nur an eine Mühle hoch oben im Thal der kalten Bode gedacht werden. Hier lag, wie wir sahen, schon 1575 die Morbschlackenmühle auf dem Boden des Amtes Elbingerode. Vergl. Harz‑ zeitschrift 3 (1870), S. 96 Anm. 1, und 11 (1878), S. 441.

² Wernigeröder Intelligenzblatt 1836, S. 27.

die letzte Ziffer eine unzweifelhafte 6 und die vorletzte als eine 9 zu lesen sei, die durch eine Kugel teilweise zerstört wurde. So ist also die Jahrzahl 1596 zu lesen, wo es wenigstens eine Sägemühle zu Schierke gab.

Wo nun aber auch immer die Sägemühle unter dem Brocken gestanden haben möge, jedenfalls hatte Graf Wolf Ernst zu Stolberg Veranlassung, auf dem Wernigerödischen linken Bodeufer im Herbst des Jahres 1590 im Sterbethal eine Sägemühle bauen zu lassen, die im Jahre darauf als die neue Sägemühle am Schirken im Sterbethale bezeichnet wird. Den nächsten besonderen Anlaß zu diesem Baue gab ein großer Waldbrand südlich oder südöstlich vom Brocken im späteren Schierker Revier. Da dieses große Schadenfeuer im Sommer 1590 aufkam und noch im Frühjahre des nächsten Jahres den Holzhauern zur Pflicht gemacht wird, zunächst und zumeist „im brennenden Holze" zu hauen, so muß dasselbe ein sehr andauerndes gewesen sein. Bei dem heutigen Zustande der Forsten des Schierker Reviers wäre ein so lange andauernder Brand nicht wohl denkbar. Aber in jener Zeit war der Waldboden mit großen Massen von Bracken oder Blöcken und Stangen gestürzten und als Nutzholz untauglichen Holzes bedeckt, das teilweise auch die Klüfte zwischen den Klippen füllte. Und da dieses Holz vielfach auf den noch unangetasteten Hochmooren lagerte, so konnten die Gluten ähnlich wie in einem entzündeten Stein-

---

[1] Die daraufhin sorgfältig geprüfte Bauholzrechnung von 1596, F. H.-Arch. C. 26, ergab freilich nichts von einem damals in Schierke ausgeführten Bau.

kohlenflöz langsam fortschwälen. Auch aus dem Jahre 1473 ist in der Brockengegend ein solcher Brand bezeugt. In den hohen, den Südweststürmen ausgesetzten Lagen am Königsberge war infolge desselben der Forst fast ein halbes Jahrhundert lang wüst.[1]

Mit der vom Herbst 1590 bis zum Frühjahr 1591 erbauten neuen Mühle im Sterbethal tritt nun der Name einer kleineren Oertlichkeit in demselben zum ersten Mal hervor, der wie wir bereits erwähnten, den weiter reichenden Namen bald ganz verdrängte. Beim Nachforschen über die Bedeutung dieser Benennung wollte uns ursprünglich die Annahme als die beste erscheinen, daß mit Schirken, gelegentlich auch Schirichen, eine Art Schutzhütte oder Köthe, ein Schüreken oder Scheuerchen zum Untertreten, bezeichnet wurde, wie es für den in dieser einsamen Gegend herumstreifenden Jäger, Holzarbeiter und Köhler willkommen sein mußte. Ein mit den Schierker Verhältnissen ganz vertrauter Mann denkt bei seinem Erklärungsversuch an denselben Wurzelbegriff schauer, niederdeutsch schuer = gegen Wind und Wetter geschützt, was zu der von Berg und Wald umgebenen Lage des Ortes wohl passe. Aber nicht nur fehlt das von ihm hierbei angenommene mundartliche Eigenschaftswort schüerke,[2] es findet sich auch in unsern einheimischen Quellen für den Ort niemals Schüerke, sondern nur Schirke, Schiereke u. s. f. mit langem i. Als man im Jahre 1731 in den Mooren des Schierker Reviers

---

[1] Harzzeitschrift 11 (1878), S. 436.
[2] Wernigeröder Intelligenzblatt 1834, S. 255.

zum erſten Mal Schutzhütten oder Schuppen zur
Bergung des Torfs baute, wird eine ſolche Hütte
das Schauer oder die Schuppe genannt.

Während wir nun andere ganz unmögliche oder
als — vielleicht unabſichtlichen — Scherz zu be-
trachtende Erklärungsverſuche beiſeite laſſen,[1] glauben
wir auf eine Deutung hinweiſen zu ſollen, die uns
urſprünglich für dieſe hohe Ortslage zu gewagt
erſchien. Bei einer genaueren Beobachtung ergab
ſich nämlich, daß ſich innerhalb des Verbreitungs-
gebiets der Eiche im nordweſtlichen Deutſchland
der Name Schierke, ſtellenweiſe auch wechſelnd mit
Schieringen, gar nicht vereinzelt findet und daß ſich,
wo die Heranziehung älterer urkundlicher Zeugniſſe
möglich iſt, noch die vollere Geſtalt Schiereke,
Schirecke, auch Schiereneken (Scireneken) nachweiſen
läßt. Neben dieſen weiter zurückreichenden, in
Schierke verkürzten und nicht mehr verſtandenen

---

[1] Jak. Heinr. Delius ſagt ums Jahr 1752 in ſeinem
handſchriftlich überlieferten Verſuch einer Wernigerödiſchen
Geſchichte (in der neueren Abſchr. Bl. 192 b): „Graf Ernſt …
nannte es (Schierke) nach dem Hofmeiſter v. Schierſtedt.“
Abgeſehen von der ſprachlichen Unmöglichkeit einer ſolchen
Herleitung des Namens war ja der Name Schireke oder
Schierke bereits vorhanden, ehe jener Chriſtoph v. Schierſtedt,
der ſeit 1665 bei dem Grafen Heinrich Ernſt und bei deſſen
Sohne Ernſt Hofmeiſter war und 1686 ſtarb, geboren wurde.
— Es klingt wie ein Scherz, wenn nach dem Magazin für
die Literatur des Auslandes, Jahrg. 1834, Nr. 64, ein
franzöſiſcher Ueberſetzer von Göthe's Fauſt des Dichters Bühnen-
bemerkung bei dem Auftritt, wo Mephiſtopheles den Fauſt
in der Walpurgisnacht über Elend und Schierke nach dem
Broden führt: „Gegend von Schirke und Elend“ mit: „La
scène se passe entre coquin et misère“ wiedergiebt.
Vergl. Wernigeröber Intelligenzblatt 1834, S. 252.

Oertlichkeitsnamen im Eichwalde giebt es nun aber auch noch im vollen Verständnis fortlebende Forstortnamen Schiereeichen, Schierêken, denen auch Schierebüchen (Amt Allerberg), Schieretannen (beim Hirschlerteich auf dem Oberharz) u. a. entsprechen. Der Name Schierêken oder (to den) schieren êken bezeichnet nun entweder einen reinen, ungemischten Eichenbestand oder eine besonders schön gewachsene, kräftige, blanke Eiche. Wie nun ursprünglich der Harz überall Mischwald war, wenn auch schon im Mittelalter am Brocken die Fichte entschieden vorherrschte, so ist es durchaus keine zu kühne Annahme, daß sich in dem geschützten Thal von Schierke, wo auch heutzutage noch Eichen einzeln durchschießen, vor der Anlage einer das Waldeskleid schnell verändernden Sägemühle eine Eiche fand, die durch ihren kräftigen Wuchs die Aufmerksamkeit auf sich zog und den Anlaß zur Benennung einer Oertlichkeit gab.'

Sehen wir auf die urkundliche Ueberlieferung, so ist in den ältesten Quellen der Name stets dreisilbig, womit die einheimische, volkstümliche Aussprache noch bis zur Gegenwart übereinstimmt. Früher heißt es also S c h i r i k e n, S c h i r i k e n, S c h i r i c h e n. Es wird ursprünglich dabei der bestimmte Artikel gebraucht: 1612 bei dem Schirichen, im Schiriken oder Schireken. In der ältesten amtlichen Quelle vom Jahre 1592 ist von der Sägemühle „im Sterbenthal a h n d e r S c h i e r e k e n g e l e g e n" die Rede. Nun wird zwar dann alsbald statt des weiblichen das grammatische sächliche

―――――

² Vergl. Harzzeitschrift 27 (1894), S. 411—415.

Geschlecht die Regel; man sagt das Schierke oder Schirk, auf dem, ufm Schiereke oder Schierke, im, am, vor dem Schierke. Dieser Wechsel des Geschlechts dürfte andeuten, daß man den Sinn des Namens nicht mehr verstand.

Erst ganz kurze Zeit war das Holzschneidewerk erbaut und in Thätigkeit, als es in wirtschaftlicher Beziehung für die Grafen zu Stolberg eine besondere Bedeutung gewann. Graf Wolf Ernst hatte von der schlesischen Familie v. Rackwitz 8000 Thaler und dann weiter behufs Rückzahlung dieses Geldes im Jahre 1591 die gleiche Summe von Matthias v. Veltheim auf Uderstedt und Derenburg aufgenommen. Da letzterer bei nicht pünktlicher Abtragung der Schuld mit Hülfe Kurbrandenburgs in die ihm zum Pfand gesetzte Grafschaft Wernigerode eingewiesen werden sollte, so galt es, dies abzuwenden. Wirklich gelang es, das erforderliche Geld zu einem Zinse von 6 aufs Hundert auf sechs Jahre von den Vorstehern der Kirche St. Martini in Braunschweig aufzutreiben, aber nur dadurch, daß sich mit allen Grafen zu Stolberg der Rat beider Städte Wernigerode, sowie auch die v. Gadenstedt als Selbstschuldner verbürgten. Um nun die Stadt Wernigerode wegen dieser Bürgschaft sicher zu stellen, verschrieben ihr die Grafen Wolf Ernst, Johann, Heinrich, Ludwig und Christoph zu Michaelis 1592 ihren Wernigerödischen Forst und Holzhandel und zwei Sägemühlen im Sterbethal und am Beerberge — oberhalb Hasserode — die vorhin an niemand verpfändet waren. Es heißt dabei, die Bürger sollten zumeist „das brandbeschädigte" Holz und soviel an Bau- und Nutzholz

Sägeblöcken und zur Verkohlung hauen, um die nötigen Zinse daraus zu gewinnen.

So sehen wir denn nach den seit 1593 vorliegenden Rechnungen die Bürger von Wernigerode in regem Wetteifer das Holz aus den schwer zugänglichen Lagen bei Schierke abfahren. Die Schierker Sägemühle blieb zwar gleich der über Hasserode in gräflicher Verwaltung, aber unter städtischer Mitaufsicht. Im ersten Betriebsjahre wurden in Schierke 1688 Thlr. 12 Gr. 6 Pf., im folgenden 1551 Thlr. 9 Gr. und nach Abzug der Unkosten ein Ueberschuß von 673 Thlr. gewonnen. Solche Ueberschüsse gab es bis zum Jahre 1602, von wo ab infolge zu vieler herrschaftlicher Anweisungen auf den Holzhandel der Gewinn nicht ausreichte, alle Ausgaben zu decken, obwohl der Betrieb ein ausgedehnter blieb. Im Jahre 1612 bemerkt Graf Heinrich zu Stolberg gelegentlich, daß es an der Sägemühle „im Schirken" viel stärkere Blöcke gebe, als in den Vorbergen.

Bis 1617 haben wir in den Holzrechnungen mancherlei Nachrichten über die Unterhaltung und die Arbeit der Sägemühle und die von hier bezogenen Blöcke, Dielen, Kufenbretter, Schindeln und Schwarten. Wenn eine Angabe vom 30. August 1617 uns belehrt, daß damals der Weg nach den auf dem rechten Bodeufer gelegenen Moorschlacken (Mordschlagk) aufgeräumt wurde, so dürfen wir daraus folgern, daß schon damals eine Verbindung mit der alten Moorschlackenmühle bestand. Das setzt denn auch schon für die damalige Zeit das Vorhandensein einer unfern der letzteren über die Bode führenden Brücke voraus, wie es auch noch im

18. Jahrhundert daselbst eine solche gab, die nach einer Vereinbarung aus dem Jahre 1757 dem Herkommen gemäß von beiden Landesherrschaften in der Weise zu unterhalten war, daß abwechselnd die eine das Holz lieferte, während die andere den Bau ausführte.

Wie die erste Wernigerödische Sägemühle unter dem Brocken, so wurde auch nach etwa viertehalb Jahrzehnt die neue Mühle zu Schierke wüst. Ungefähr zwei Jahrzehnte nach dem dreißigjährigen Kriege wird ausdrücklich seitens Graf Heinrich Ernsts, der den ganzen Krieg als Erwachsener erlebte, bezeugt, daß sie während desselben und durch die Kriegsnot einging. Im Sommer 1620 ließ noch ein Mann aus Schierke in Wernigerode taufen. Das eigentliche Kriegselend brach für die Grafschaft erst mit den Jahren 1625 und 1626 und mit dem Einfalle Wallensteins herein. In diese Zeit haben wir daher das Eingehen der abgelegenen Sägemühle zu setzen.

---

5. Der Hüttenort Schierke.

Es ist eine tiefer begründete erfreuliche Erscheinung, daß kurze Zeit nach dem verheerenden deutschen Kriege an verschiedenen Enden Deutschlands thatkräftige Fürsten und Herren einen unermüdlichen Schaffens= und Gründungseifer entwickeln, auf den Trümmern des zerstörten Lebens etwas Neues zu pflanzen und zu pflegen und die Hülfsmittel ihres Landes zu vermehren suchen. Dieses Bestreben finden wir auch bei der älteren Linie des Hauses Stolberg, das in der zweiten Hälfte des 17. Jahrhunderts zwei neue Dörfer im Harze gründete, den Hüttenort Schierke an der kalten Bode und Rothesütte im Hohnstein'schen Forst. Aber während die Pflanzung des letzteren — seit 1679 — erst von einer nach dem Kriege geborenen Generation, dem Grafen Ludwig Christian bewirkt wurde, gingen die Gedanken und die ersten Schritte zur Gründung eines neuen Schierke von des letzteren Vater, dem greisen Grafen Heinrich Ernst aus, der, zwischen 1593 und 1672 lebend, das ganze Elend des verderblichsten aller Kriege in Deutschland von Anfang bis zu Ende durchgekostet hatte. Beide Anlagen hatten die bessere Verwertung der von der Ebene aus schwer erreichbaren Schätze des Waldes und der Erde zum ausgesprochenen Zweck.

Bei den im Jahre 1669 begonnenen Anlagen in Schierke kam es zunächst auf die Errichtung eines Eisenhüttenwerks und Hohen Ofens an. Der von dem Ilsenburgischen Faktor Harbord Lichtenbeck übernommene Bau des letzteren hatte im August desselben Jahres bereits begonnen. Etliche Jahre erlitt das angefangene Unternehmen aber einen unliebsamen Aufenthalt. Dieser wurde teilweise durch die unruhige Kriegszeit bis über die Mitte der siebziger Jahre verursacht. Besonders aber machte man von Braunschweig-Lüneburgischer Seite Schwierigkeiten, die sich im Wesentlichen darauf stützten, daß das Wehr zu dem neu aufgeführten Werke auch auf dem rechten, zum Lüneburgischen Amt Elbingerode gehörenden Ufer befestigt worden sei. Herzog Johann Friedrich erklärt im Juni 1670 feierlich, daß er die Zulassung eines solchen Wehrs und Werks „vor seiner Posteritaet und Nachfolgern" nicht zu vertreten vermöge. Vergeblich hob Graf Heinrich Ernst hervor, daß es sich nicht um ein neues, sondern um die Wiederherstellung eines durch das Unglück des Krieges zerstörten Wehrs und Werkes handele. Der Grund des Widerstrebens lag ziemlich offen zu Tage: die herzoglichen Beamten fürchteten den Wettbewerb einer neuen Eisenhütte mit denen im eigenen Lande und suchten den Grafen durch drückende Bestimmungen in Verträgen auszubeuten. Da nun den einzigen Anhalt zu solchen Forderungen die Befestigung des Wehrs auf der Elbingerödischen Seite bot, so gab man die ersten Bauten auf und legte neue an einer günstiger gelegenen Stelle an, wo man das Wehr nur auf dem linken Bodeufer zu befestigen brauchte. Daher fühlte sich denn auch Graf Ernst, der älteste Sohn des Wiedererbauers von Schierke, nicht verpflichtet, den ausbedungenen Wasserzins zu zahlen. Wir freuen uns, bemerken zu können, daß im nächsten Jahrhundert an die Stelle solcher Beschwerungen ein sehr gutes nachbarliches Verhältnis zu dem Hause Braunschweig trat. Im Jahre 1739 gestatten die Braunschweig-Lüneburgschen Räte auf mündliches Ansuchen Graf Christian Ernsts in zuvorkommendster Weise, daß das an der Elbingerödischen Seite vom Barenberg herab in die Bode fließende Braune Wasser zum Behufe des Schierker Hüttenwerks benutzt werde und verbieten den Beamten im Elbingerödischen, zum Nachteil jenes Werkes zeitweise, besonders wenn das Wasser klein sei, „den Budestrom abzuschlagen".

Nachdem nun aber vorläufig jener nachbarliche Widerstand neben der unsicheren Zeitlage den Bau des Hüttenwerks einige Jahre gestört hatte und Graf Heinrich Ernst 1672 darüber verstorben war, nahm dessen Sohn Ernst, als die Zeiten sich wieder ein wenig gebessert hatten, den Bau selbst in die Hand. Der Eisenfaktor Jobst v. Windheim zu Mandelholz verpflichtet sich am 2. Juli 1678 zur Ausführung verschiedener Bauten; am 30. Juli 1680 wird aber ein von 1681 bis 1687 laufender Pachtvertrag mit seinem Sohne Ernst Johann v. Windheim geschlossen. Im Jahre 1680 geschieht des Hohen Ofens Erwähnung, dann einer Juden- oder Jüdenhütte, eines Schlackenpuchwerks und einer Hammerhütte. Auf den jüngeren v. Windheim folgt nur ein par Jahre später der Amtsverwalter Bothe zu Deckenstedt. Als mit diesem am 30. Juli 1682 ein Pachtvertrag geschlossen wurde, war ein Frischherd, Schlackenpuchwerk, Hoher Ofen, Puchwerk, Hammer, Schreiberei fertig; auf seine eigenen Kosten sollte er noch Blech- und Kraushammer bauen. Nach der Dielenrechnung von 1685 zu 1686 wird ein Fuder Dielen zum Zerrenherd geliefert. An Kohlen (Holzkohlen) verbraucht das Werk von Ostern 1684 zu 1685 1764 Fuder zu 441 Thlr.

Im Jahre 1688 tritt Bothe von seiner Pacht zurück, und das Werk gelangt nun an einen tüchtigen Fachmann, den Faktor Christoph Grill zu Ilsenburg, mit welchem am 19. Dezember 1687 ein Vertrag auf neun Jahre geschlossen und die von vornherein beabsichtigte Verbindung mit dem Ilsenburger Hüttenwerk hergestellt wurde. Der wechselnde Holzkohlenverbrauch stieg unter ihm bis auf 2108 Fuder im Jahr. Auf Grill folgte 1699 Georg Bernhard Wackerhagen, mit dem die Herrschaft am 1. März 1699 einen Pachtvertrag auf sechs Jahre abschloß. Wackerhagen, seit 1711 auch Inhaber des Braunschweigischen Hüttenwerks zu Gittelde und von da ab Oberfaktor, war ebenfalls ein tüchtiger Geschäftsmann, der das Hüttenwerk nun ein Vierteljahrhundert, bis 1724, innehatte. Unter ihm wurde die Verbindung mit Ilsenburg wieder gelöst. Nach dem ersten mit ihm im Jahre 1699 abgeschlossenen Vertrage werden ihm jährlich 1900 Fuder Holzkohlen zu je zwölf Maß auf den Hüttenplatz geliefert, davon 950 aus dem Königsberge, die andere Hälfte aus den ihm vom gräflichen Forstmeister jedesmal anzuweisenden Haien. Da der Wernigeröder Forst die 1900 Fuder nicht ganz liefern kann, so soll er jährlich 400 Fuder harte Kohlen auf seine Kosten aus dem Hohnsteinschen Forst machen und holen lassen. Den benötigten Eisenstein hat er, wie das auch bei seinen Vorgängern geschehen war, aus den ihm angewiesenen Gruben auf dem Harten- und Büchenberge zu beziehen und soll er den Eisenstein nehmen, wie er ihm angewiesen wird. Gestattet ist der Herrschaft auch, aus dem Elbingeröbischen allerhand Eisenstein abholen zu lassen; da es aber seit etlichen Jahren nicht geschehen ist, so wird ihm anheim gegeben, ob es in seinem Vorteil sei, davon Gebrauch zu machen. Den zur Beförderung des Schmelzprozesses erforderlichen Kalkstein hat der Faktor, so gut er kann, aus der Grafschaft oder aus der Nachbarschaft zu beschaffen. Von den übrigen Bestimmungen des Pachtbriefes ist die Gestattung des Fischens in der Bode, wo aber auch die Herrschaft fischen kann, der freie Bierschank und die Ausübung der niederen Gerichtsbarkeit über das Hüttenvolk durch seinen eigenen oder den gräflichen Vogt hervorzuheben.

Das Eisenhüttenwerk kam unter Wackerhagen so sehr in Aufnahme, daß man im Jahre 1707 schon nahe daran war, noch einen zweiten Hohen Ofen unter dem bereits vorhandenen zu bauen, wozu es dann schließlich doch nicht kam. Als im Jahre 1715 Schierke aufs Neue, und zwar auf neun Jahre, in Pacht gegeben wurde, sehen wir mit dem dortigen Eisenwerke auch einen Zerrenherd zu Ilfeld verbunden. Als dann 1724 Wackerhagens Pachtzeit abgelaufen war, nahm Graf Christian Ernst das Eisenhüttenwerk unter seine eigene Verwaltung und die Verbindung mit Ilsenburg wurde nun wieder hergestellt.

Im neunzehnten Jahrhundert wurde der Schierker Hüttenbetrieb ein schwächerer. Als Napoleon sein Kriegsmaterial für die große Armee und für die Behauptung seiner Gewaltherrschaft sammelte, sollte auch die Schierker Hütte ihren Beitrag dazu liefern, und ein Artillerie- und Ingenieur-Offizier, der in Rothehütte seinen Standort genommen hatte, fragte an, wieviel zwölfpfündige Kugeln hier binnen Monatsfrist gegossen werden könnten, und wenn die Werke darauf nicht eingerichtet seien, welche Mittel und Kosten an- und aufzuwenden wären, um sie dazu in Stand zu setzen. Der Faktor Freytag, dem es nicht unbekannt sein konnte, wie viel Tod und Verderben das französische Stückwerk bei Friedland und in anderen Schlachten dem eigenen Volk und Vaterland bereitet hatte, stellte die Lage der Hütte so abschreckend wie möglich dar, hob hervor, wie er im Kugelguß ungeübt sei und wie der zum Eisenguß erforderliche Sand und Lehm meilenweit herbeigeschafft werden müsse. Augenblicklich lagere hier ein erst abzusetzender Vorrat von 1200 Ztr. Eisen, daher der Ofen jetzt stehe. Wenn Ofen und Hütte im Umgange seien, so würden wöchentlich 150 Ztr. Roheisen gewonnen und einige 90 Ztr. Stab- und Krauseisen geschmiedet.[1] Der Kammerdirektor Wilhelmi äußerte auf solchen Bericht hin gegen den Grafen Henrich, man könne wegen der Kugelgießerei der Sache ihren Lauf lassen: „Schierke wird man wohl in Ruhe lassen".[2]

Im Jahre 1818 wurden an Roheisen gewonnen 5610 Ztr., dazu gekauft an altem Eisen noch 500 Ztr., zusammen 6110 Ztr. Der Ofen wurde nur 33 Wochen jährlich im Betriebe erhalten. Schon

---

[1] Wernigerode, 15. Oktober 1811. Als im 2. Jahre darauf, nachdem die Freiheitskriege begonnen hatten, von den Franzosen „le coulage d'une grande quantité de projectiles" in den Harzischen Hütten beabsichtigt wurde, erbat man sich vom Grafen zu Stolberg-Wernigerode nur Arbeiter, deren bloß zwei geliefert werden konnten. Am 12. Juli 1813 nennt sich der französische Offizier Raindre, capitaine d'artillerie, adjoint à l'état major général de l'artillerie de la place de Magdebourg en mission à Rothehütte. Vorläuf. Bezeichn. B. 95, 11 im F. H.-Arch.

[2] Schierke, 13. Oktober 1811, Freytag an den Erbgrafen Heinrich zu Stolberg-Wernig. a. a. O.

1825 wird die Frage aufgeworfen, ob es überhaupt ratsam sei, den Schierker Hohen Ofen wieder anzublasen, so lange die Ilsenburger Hütte großen Vorrat an Roheisen habe und liefern könne. Am 10. April 1829 erwägen Fachleute zu Ilsenburg ernstlich die Frage, ob das Fortbestehen des Schierker Hohen Ofens rätlich erscheine. Dafür schien zu sprechen der gute Ruf, den das Schierker Eisen sich überall erworben hatte, die Ersparung der Beförderungskosten der Kohlen nach Ilsenburg und der Roheisensendung nach Schierke, die Rücksicht auf den Nahrungsstand der Einwohner von Schierke, endlich, daß die Schierker Hütte bisher eine bedeutende Summe an barem Gelde, durchschnittlich 8000 Thlr. im Jahr und den Zentner Roheisen zuletzt für 1 Thlr. 7 Gr. geliefert hatte. So wurde denn damals noch die Erhaltung des Hohen Ofens für gut befunden, doch sollte der Betrieb so eingerichtet werden, daß alle fünf Jahre eine Kampagne stattfinden könne. Von den zu 2151 Fuder festgesetzten Kohlen sollen 1538 Fuder aus dem Schierker Revier, 613 aus dem Hohnsteinschen bezogen werden. Seit 1834 erlosch der Hohe Ofen, am 19. Juni 1836 verfügte Graf Henrich, er solle nicht wieder angeblasen werden. Von 1800 bis 1836 hatte die Schierker Hütte einundzwanzig Jahre im Vorschuß gestanden, der sich insgesamt auf 30,000 Thaler belief. Nur in fünfzehn Jahren betrug der Reinüberschuß 1200 bis 1500 Thaler.

Als der Hohe Ofen erloschen war, bestanden vorläufig noch die beiden Frischfeuer fort, von denen jedoch auch bald eins wegen Mangel an Holz eingestellt wurde. Ende 1850 zählte man noch 12 Hüttenleute.¹ Da im Jahre 1857 die demnächstige Einstellung auch des zweiten Frischfeuers aus demselben Grunde wie beim ersten in Aussicht genommen wurde, so trug man sich damals mit dem Gedanken der Anlage eines Gaspuddelofens. Aber statt daß es dazu kam, wurde acht Jahre später auch der letzte Rest des Schierker Hüttenwerks, die Hammerhütte, abgebrochen.

Im Jahre 1818 lieferten die beiden Hohen Oefen in Ilsenburg und Schierke zusammen 18,500 Ztr. Eisen im Werte von 70—80,000 Thlr. was den zwölften Teil der Eisenerzeugung der damaligen Hohen Oefen des Harzes (217,740 Ztr.) ausmachte.²

4. Die wirtschaftlichen Anlagen und Betriebe in Schierke außer dem Eisenhüttenwerk.

Durch die verzögerte Anlage des Hohen Ofens in Schierke wurde keineswegs die vom Grafen Heinrich Ernst im Jahre 1669 begonnene Siedelung ganz aufgehalten. Sofort wurde vielmehr die neue Sägemühle gebaut, ebenso ein Försterhaus und

---

[1] Acta betreffend die Verwendung des Torfs zur Verminderung der Holzkonsumtion in Schierke. Kammer-Alten Rep. p. 339, Nr. 12.
[2] Privatakten.

ein par Hirtenhäuser. Die eine Sägemühle reichte bald nicht mehr aus, und so wurde 1680 weiter hinauf eine neue gebaut. Einige Zeit bestand sie jedenfalls bei der Schluft, wo die „Sägemühle bei der schwarzen Schluft" 1690 ausdrücklich erwähnt wird. Sie dauerte aber nicht lange, da schon im Jahre 1716 eine hier befindliche Wiese als die Stelle erwähnt wird, da die alte Sägemühle gestanden hat. Seit 1703 finden wir nun aber, daß die auf Elbingeröbischem Boden gelegene Mordschlackenmühle zugleich mit der Schierker und später mit den übrigen herrschaftlichen Sägemühlen in der Grafschaft an ein und denselben Pächter, zuerst bis 1713 den Faktor Wackerhagen, dann bis 1725 an den Bürger und Handelsmann in Goslar Johann Heinrich Siemens und Genossen verpachtet war.[1] Wir gedachten des Weges von der Schierker zur Mordschlackenmühle, der auf eine enge Verbindung der durch die Bode getrennten Mühlen weist, schon vor der Zeit des dreißigjährigen Krieges. Wenn nun auch diese Anlage politisch zu Elbingerode und zu den Braunschweig-Lüneburgischen Landen gehörte, so hielten sich doch trotz gelegentlicher Verwahrung, die von den Geistlichen zu Elbingerode dawider eingelegt wurde, die wenigen

---

[1] Nach dem Verzeichnis der von Siemens und Gen. erpachteten Gräflich Stolberg-Wernigerödischen Mühlen vom 24. März 1719 waren es: 1. die Jlsenburgische Ober-Sägemühle, 2. die Jlsenburgische Unter-Sägemühle, 3. die Jlsen-Mühle, 4. die Hasseröder Mühle, 5. die Landmanns-Mühle, 6. die Schierkesche Mühle, 7. die Mordschlacken-Mühle. Statt Landmannsmühle steht in dem Pachtvertrage vom 24. Februar 1716 neben der Hasseröbischen die Sägemühle am Hanneckenbruche. Fürstl. H.-Arch. B. 89, 7.

Bewohner der Mordschlackenmühle kirchlich ganz zu Schierke. Aus ähnlichen Gründen schien es auch bequem, die Mühle selbst mit der benachbarten zu Schierke in ein und derselben Hand zu sehen. Am 3. Dezember 1757 wurde noch über die zwischen der Kammer zu Wernigerode und dem königlichen Forstamt zu Clausthal abwechselnde Unterhaltungspflicht der beide Mühlen verbindenden Brücke unfern der „Mordschlacke" verhandelt;[1] als aber (1784) Christian Friedr. Schröder der Mordschlackenmühle gedenkt, war dieselbe bereits eingegangen.[2]

Der mit dem der Sägemühle ziemlich gleichzeitig vorgenommene Bau eines Försterhauses war für den neuen Ort von nicht geringer Bedeutung. Gab es doch nun alsbald einen Beamten daselbst, der im Namen der Herrschaft, und zunächst der Forstverwaltung, die gesamte Forstnutzung und die damit verbundene Thätigkeit der Bewohner: das Holzfällen, die Köhlerei, das Sägemühlenwesen, auch die Waldweide sowie die Jagd unter seiner Aufsicht hatte. Mit der Bestellung eines besonderen Försters für Schierke wurde aber auch zuerst ein besonderer Schierker Forstbezirk geschaffen. Natürlich war es schon seit der Erbauung der ersten Sägemühle im Schierker Thal ein gewisser Kreis von Forstorten, der die Blöcke für die Verarbeitung durch dieses Werk lieferte, aber derselbe war, so lange die Leitung des Betriebes von Wernigerode

---

[1] F.-H.-Arch. B. 8, 6.
[2] Abhandlung vom Brocken S. 238. Schröder bezeichnet sie wegen des Grund und Bodens, auf dem sie stand, als die oberhärzische Sägemühle.

ausging, keineswegs ein bestimmt abgegrenzter, und bis über die Mitte des 17. Jahrhunderts hinaus gab es im Wernigerödischen Harz nur zwei große Forstbezirke, die von Wernigerode und Ilsenburg. Ein Schierker Förster erhielt aber selbstverständlich in seiner Dienstanweisung einen genau abgegrenzten Waldbezirk, den er zu beaufsichtigen hatte, zugeteilt. Die für den ersten Schierker Förster Wagener ausgestellte Bestallung liegt uns nicht vor, aber die erste erhaltene für Christoph Hopstock vom Jahre 1707 gedenkt auch des ihm angewiesenen Bezirks. Die Bezeichnungen Schierksche Forst und Schierksches Revier begegnen uns zuerst zur Zeit des vormundschaftlichen Regiments der Fürstin Christine 1710 und 1711 in den Akten die Verpachtung der Schierker Sägemühlen betreffend.

Das im Jahre 1672 gebaute Hirtenhaus und das nach 1673 errichtete Rinderhaus, das zwei Jahre später mit einem eisernen Ofen versehen wurde, dienten der für Schierke sehr wichtigen Viehzucht. Die Bewohner selbst waren auf solche Nahrung und Erwerb um so mehr angewiesen, als sie hier oben kein Getreide bauen konnten. So hatte denn schon der erste mit Namen bekannte Bewohner von Schierke, der Sägemüller Joachim Kruse, um die Wende des 16. und 17. Jahrhunderts seinen verhältnismäßig ansehnlichen Viehstand. Zwölf Rinderhäupter waren ihm erlaubt, aber er hielt deren mehr, und als im Jahre 1608 deshalb gegen ihn geklagt wurde, meinte er, die Herrschaft könnte des Orts die Grasung nicht genießen.[1]

---

[1] Chr. Heinr. Delius Archivauszüge Schierke betr. B. 74, 1.

Die Gras- und Heunutzung war aber schon in jener frühen Zeit eine nicht unansehnliche, vielfach aber unbefugte. Aus einem Schriftstücke vom Jahr 1612 ersehen wir, daß die Elbingeröder in den Schierkischen Gehölzen das Heu zur Nacht und Unzeit fuderweise wegführten, so daß sie mehr ernteten, als der Grundherr Graf Johann. Es bot ihnen während eines trockenen Sommers so viel Futter, daß es hieß, die Elbingeröder hätten die Hälfte ihres Viehes abschaffen müssen, wenn es nicht durch das Heu aus den Schierker Forsten ermöglicht worden wäre, es zu erhalten. Aber ausdrücklich wird gesagt, daß dieses Heu in Büschen (Haien) und an Wegen weggeführt werde.

Das ging seit dem Ausbau Schierkes als Hüttenort und Dorf nicht mehr. In dem Pachtvertrage von 1699 wird dem Faktor das Halten von 60 Stück Vieh und daß er für seine Pferde einen Platz aufräume (den Wald daselbst rode) und als Wiese liegen lasse, zugestanden. Ebenso hatte gleich dem Säge- und Mahlmüller der gräfliche Förster seinen Viehstand. Dazu kommen nun die entsprechenden Bedürfnisse der Hüttenleute, Holzhauer und Köhler, die sich seit 1669 und besonders seit 1678 hier anbauten. War es auch nur eine beschränkte Zahl von Viehhäuptern, die den einzelnen Anbauern und Bewohnern zu halten gestattet wurde, so machte es zusammengenommen doch so viel aus, daß die Gegend bei Schierke seit der zweiten Hälfte des 17. Jahrhunderts ein anderes Ansehen bekam, indem ansehnliche Flächen von Wald zu Wiesen gerodet wurden. Bei jedem neuen Hausbau wurde ein entsprechendes Stückchen Wald zu der unentbehrlichen Wiese zugeteilt. Daß auch ein Garten zum Hause gehörte, war so selbstverständlich, daß bei den Verleihungen mit dem bestimmten Artikel hinzugefügt zu werden pflegt, daß mit dem Raum zum Bau des Hauses auch ein solcher ‚zum Garten' ausgewiesen wird.

Schon zur Zeit des Ablebens Graf Ernsts († 9. 11. 1710) betrugen die so gerodeten Flächen gegen 169 Acker. Im Jahre 1834, also nach 1¼ Jahrhundert, war diese Morgenzahl auf 263 gestiegen.

Zu diesen Wiesen und Gärten unmittelbar bei Schierke kamen nun noch die Wiesen bei den Viehhöfen auf der Hohne, in der Schluft und später im Jacobsbruch. Wann der erstgenannte Viehhof angelegt ist, wissen wir nicht, aber am 20. Januar 1686 wird derselbe mit Hude und Trift dem Klaus Herfurth in Pacht gegeben für 60 melkende Kühe und 30 Rinder. Er soll aber zur Auswinterung seines Viehes die Plätze um das Rinderhaus, Heu darauf zu machen, einbehalten. Dadurch entstanden also gerodete Wiesen mitten im Walde. Der Pächter soll auch auf seine Kosten über die herrschaftlichen Stuten und Fohlen die Aufsicht führen und den Schelen (Beschäler) das nötige Heu fressen lassen.

Wie weit in der Schluft der Viehhof zurückreicht, wissen wir ebenfalls nicht zu sagen. Im Jahre 1736 erhält ihn Barthold Hoppe in Pacht, dessen Familie seit Ende des 17. Jahrhunderts in gleicher Weise auf der Hohne saß. Hundert Jahre früher hören wir nur, wie der Herrschaft in und bei der Bode und Schluftwasser Fischerei und

Vogelfang zustand. Zu Anfang des 18. Jahrhunderts gab es bei der Schluft Wiesen. Noch mag erwähnt werden, daß 1694 auf dem Ahrensklint ein Fohlenhagen eingerichtet wird.

Von den übrigen Erwerbszweigen wäre zwar die Holzköhlerei an erster Stelle zu nennen. Aber sie ist so wenig erst mit der Entstehung Schierke's als Ort in diese Waldgebiete vorgedrungen, daß man sie unbedingt für eine der ältesten Beschäftigungen unserer Waldbewohner zu halten hat; und vor der Entfaltung jeder höheren Kultur gab der einsame Holzfäller und Köhler dem entfernten Genossen in diesen weiten Waldrevieren ein Zeichen durch das uraltertümlich einfache Schallbrett der Hillebille. Nur konnte man, als sich unter einheitlicher Verwaltung in dem neuen Gebirgsdorfe eine größere Zahl von Leuten ansammelte, die uralte Beschäftigung leichter vervollkommnen, und so hat man wohl von einer Schierker Musterköhlerei gesprochen.

Ziemlich jungen Ursprungs ist dagegen die Schierker Torfköhlerei. Sie verdankt Entstehung und Förderung dem Bestreben, der Gefährdung der Forstwirtschaft durch eine zu große Ausdehnung der Holzköhlerei vorzubeugen. Mußte man doch schon am Ende des 17. Jahrhunderts einen Teil der Feuerung für die Schierker Hütte durch einen Zuschuß von harten Holzkohlen aus dem Hohnsteinschen Forst decken! Der treffliche Graf Christian Ernst, ein tüchtiger weitblickender Wirtschafter, war es nun, der durch die Ausnutzung der in seinem Wernigerödischen Harzgebiet, allermeist im Schierker Revier, dem Brockengranit aufgebetteten Hochmoore seinen Schierker Unterthanen einen neuen Erwerb und der Forstwirtschaft eine Erleichterung zu schaffen suchte. Die ersten Versuche wurden von 1731—1736

Köhlerkötze im Hohnebruche.

zur Zeit des Bergrats Jacob Bierbrauer gemacht, dessen Rufname noch an dem südwestlich der Hohneklippen zwischen diesen und dem Erdbeer- und

Pferdekopf eingebetteten Moore, dem Jacobsbruche,
haftet. Als Stellen, wo die ersten 71,400 „Törfe"
gestochen wurden, werden das Brockenfeld oder
-Bett, Uhrensklint und Königsberg genannt. Der
bedeutende Braunschweigische Forstmeister v Langen,
der, nachdem er im Torfwesen Erfahrungen in
großem Maßstabe in Norwegen gesammelt hatte,
nach seiner Rückkehr auf Grund einer Vermessung
1745 eine neue Einteilung der Wernigerödischen
Forsten vornahm, förderte auch die seit 1744 wieder
ernstlicher betriebenen Torfstechereien in der Grafschaft Wernigerode, daher denn auch nach ihm ein
Torfstich zwischen dem Großen Brocken und Königs=
berge Langenswerk oder Langenwerk genannt
wurde, eine Bezeichnung die, wenn auch nicht amtlich
so doch volkstümlich, in „das lange Werk" entstellt
und mißverstanden wurde. Sein in der Forstge-
schichte noch berühmter gewordener Schüler Hans
Dietrich v. Zanthier, dem 1749 die Leitung des
Forstwesens in der Grafschaft anvertraut wurde,
setzte seines Lehrers Thätigkeit fort, und auch nach
ihm wurde einem ausgedehnten Torfstich der Name
Zanthiers Werk beigelegt. Die Zeit der nach-
haltigsten Torfköhlerei im Schierker Revier war die
von den Jahren 1744—1767. Schon unter Berg-
rat Bierbrauer soll man Versuche mit der Gewinnung von Torftheer gemacht haben; später ist
dann öfter vom Torföl die Rede.[1] Schon um 1770
waren mehrere Torfstiche aufgegeben, im Jahre
1786 wurde auch auf der Heinrichshöhe der Betrieb

---

[1] H. Dietr. v. Zanthier, Unterricht vom Torfwesen.
Ulm 1796.

eingestellt.¹ Nach den Freiheitskriegen dachte man wohl daran, ihn wieder aufzunehmen, aber es dauerte noch einige Zeit, bis man um die Mitte unseres Jahrhunderts wieder neue Versuche in der Torfköhlerei machte. Im Jahre 1853 brauchte man 2½ bis 3 Million Stück Torf für das neue Puddelwerk in Ilsenburg, und noch am 29. April 1858 wird die Torfstecherei in der Grafschaft als ein nicht ganz unwichtiger Betrieb bezeichnet.

Als im Jahre zuvor der Gedanke auftauchte, zur Schonung der Wälder und zur Gewinnung der nötigen Heizungsmittel die Torfstecherei in größerem Maßstabe zu betreiben, wurde eine Berechnung oder Schätzung über die Ausdehnung des innerhalb des Schierker Reviers vorhandenen Torfschatzes angestellt. Man schlug ihn zu zweihundert Millionen Stück an. Dabei berechnete man den Torf

am Langenwerke	zu 72,000,000	Stück,
„ Königsberge (Kesselklippe)	„ 68,000,000	„
„ Zanthierswerke	„ 9,000,000	„
an der Heinrichshöhe	„ 14,000,000	„
am Brockenbette	„ 12,000,000	„
„ Kahlen Königsberge	„ 5,000,000	„

Über statt einer Ausdehnung erfuhr die Torfköhlerei wenige Jahre darnach eine bedeutende Einschränkung und kam dann bald ganz zum Erliegen. Waren

---

[1] Ilsenburg, 14. Februar 1816. v. Hagen an Gr. Henrich zu St.-Wern. (von der vormaligen Benutzung der Torfbrüche am Brocken, B. 58, 2—8 im F. H.-Arch. (vorläuf. Bez.) und Allgemeiner Anzeiger der Deutschen 1821, Nr. 351. Als Büsching, Erdbeschr., 8. Teil, 7. Aufl., S. 900, Hamburg 1791 von den Torfbrüchen bei Schierke schrieb, war keins mehr davon in Betrieb.

anfangs die Kosten der Abfuhr sehr groß, so kam dazu die große Schwierigkeit beim Trocknen, da dieser Hochmoortorf zu viel Feuchtigkeit enthielt. Auf den Rat und Antrag des Schierker Revierförsters Höfer vom 26. November 1845 suchte man den Torfstich eine Stunde oberhalb Schierke an der Bode beim Zanthierswerk zur Verminderung der Holzabgabe an die Bewohner von Schierke zu verwerten und so 250 Klafter Holz jährlich für die Forstwirtschaft zu ersparen. Bis in den Anfang der Sechziger Jahre war dieser Stich in Benutzung. Um 25. Mai 1867 aber beantragte der Revierförster Darges bei gräflicher Kammer, da die noch zuletzt bei der Königstanne betriebene Torfgewinnung bereits seit mehreren Jahren außer Acht bleiben mußte, „weil die nötigen Arbeiter beim Forstbetriebe zu verwenden" und weil die Torflager an Menge und Beschaffenheit abgenommen haben, so daß die Gewinnungskosten des Torfs bei dem vielen Abgang durch ungünstige Witterung nicht im richtigen Verhältnis standen, — den Torfschuppen abzubrechen. Dies wurde alsbald genehmigt, auch die von Darges empfohlene Verwertung eines Teils des Holzwerks zu einem Wildschuppen bei den Feuersteinen in Aussicht genommen.[1]

Wir haben hier schließlich noch eines Unternehmens zu gedenken, das, auf dem Boden des Schierker Reviers eingerichtet, den Bewohnern des Hüttenorts auf kürzere Zeit eine lohnende Beschäftigung gab. Es ist die von der betriebsamen

---

[1] Acta, die Verwendung des Torfs zur Verminderung der Holzkonsumtion in Sch. Kammer-Akten. Rep. p. 339, Nr. 12.

ums Jahr 1789 aus Benkendorf nach Wernigerode gezogenen Familie Röhrig auf dem Jacobsbruche errichtete Glashütte. Sie war so weit in das Moorgebiet des Gebirges hineinverlegt, weil die Unternehmer den Torf als billiges Feuerungsmittel verwerten wollten. Denn nach dem mit den Gebrüdern Röhrig errichteten Pachtvertrage war denselben gestattet, auf den Torfmooren im Jacobsbruch, dem Langenwerk und den beiden Flecken im Quitschenhai auf ihre Kosten soviel Torf, als sie für den Betrieb der Glashütte nötig hätten, stechen zu lassen. Mit Schluß des Jahres 1842 wurde auch der Betrieb der Glashütte eingestellt.

5. Die Ansiedler, ihre Gerechtsame und Nahrung.

Als im Jahre 1678 das von Graf Heinrich Ernst zu Stolberg neu gegründete Schierke sein Hüttenwerk bekommen hatte, fand sich eine etwas reichere Bevölkerung ein. Etliche Jahre war noch zweierlei nicht vorhanden, was dem Orte nicht wohl fehlen durfte: eine Schenke und eine Mühle. Beides wurde aber bald errichtet. In dem Vertrage mit Bothe vom 30. Juli 1682 ist schon der ihm als Pächter zustehenden Schankgerechtigkeit gedacht. In den ältesten in die Zeit von 1686 bis 1691 zurückgreifenden Schierker Parteisachen wird dann auch der Krug oder die Schenke erwähnt. Nach 1680 wurde auch die Mahlmühle gebaut die gewöhnlich ihren eigenen Müller hatte, zeitweise (ums Jahr 1702) auch von dem Untersägemüller mit versehen wurde. Sie hatte keine größere Bedeutung, weil sie nur das ihr von Wernigerode zugeführte Korn zu vermahlen hatte, da im Schierker Thal keine Körnerfrucht gedeiht.

Der neue Ort erwuchs zwar zu keinem bedeutenden äußeren Umfange, nimmt aber wegen der Rechtsverhältnisse und Lebensbedingungen seiner Bewohner unsere Aufmerksamkeit in etwas höherem Maße in Anspruch.

Grund und Boden von Schierke sind seit alter Zeit wie noch heute lediglich Eigentum des früher auch als Landesherrschaft über der Gegend waltenden Grafenhauses; die Bewohner sind Pachtleute dieser Herrschaft, die ihre Besitzungen meiereiweise als Wirte gegen einen Laßzins oder Meiergeld innehaben. Nur vorübergehend gab es bis zum Jahre 1744 in den Händen des Oberfaktors Wackerhagen und des Försters Hopstock auch Erbenzinsgüter, die aber vom Grafen Christian Ernst zurückerworben wurden.

Es lag der Herrschaft daran, daß die für den Forst- und Hüttenbetrieb erforderlichen Leute, die man sonst in eigens für sie gebauten Häusern unterbringen mußte, sich hier seßhaft machten. Sie ließ daher wohl in den achtziger Jahren des siebenzehnten Jahrhunderts durch den gräflichen Oberforst- und Jägermeister zu solcher festen Niederlassung durch den Bau eigener Häuser auffordern. Daher sagt denn am 23. Oktober 1686 der Hammerschmied Hans Satzen (Saatze) in einem Schreiben an den Grafen Ernst: mehreren seiner Mitarbeiter, Hammerschmieden zum Schierke, sei durch den Oberforstmeister wiederholt vorgestellt, daß, wenn jemand Lust hätte, auf dem gräflichen Hüttenwerk sich anzubauen, so sollten demselbigen alle Baumaterialien vergönnt werden, auch sollten die Gebäude dem Bauherrn (das heißt dem Erbauer), der die Kosten des Baues aufgewandt, ohne weiteren Entgelt zu eigen bleiben. Obwohl er nun mit den Seinigen erwogen, daß ihnen die Wohnung, wo sie arbeiten, von selbst frei gehalten werden müsse, so habe sie doch der Gedanke angemutet, daß er mit Weib und Kindern mühseliger leben müsse, wenn sie keine eigene Hütte besäßen. Er sei daher gewillt, in Gottes Namen zu bauen, wenn er eine geeignete Baustelle nebst einem kleinen dabei liegenden Garten haben könne und ihm dann das Holz zum Bauen angewiesen werde. Er sehe deshalb einer vom Grafen eigenhändig unterschriebenen Verbriefung dieser Bedingungen entgegen und der Vergünstigung, daß er mit Weib und Kindern von allen Lasten, sie mögen Namen haben wie sie wollen, auf Lebenszeit befreit sein und bleiben, auch etwas Vieh frei halten möge, endlich, daß ihm, wenn er in Schierke keinen längeren Aufenthalt durch seiner Hände Arbeit haben könne, die von ihm aufgewandten Kosten wiedererstattet werden.

In diesem Schreiben sind nicht nur die Hauptbedingungen sondern auch die Antriebe zu einer festen Niederlassung in Schierke zusammengefaßt. Freilich ist Einiges einschränkend oder erläuternd hinzuzufügen: Daß alle Materialien zum Hausbau geliefert worden wären, ist uns an keinem Beispiel bekannt geworden; nur alles Holzwerk, dessen man zum Hausbau bedurfte, wurde von der gräflichen Sägemühle angewiesen. Daran hielt man so sehr fest, daß in Fällen, wo jemand, ohne von dieser Vergünstigung zu wissen, von selbst gekauftem Holze gebaut hatte, das Geld dafür nachträglich zurückerstattet wurde. Und da der Herrschaft daran lag, die Granitsteine, mit denen der Boden besäet war, wegzuräumen, so ist bestimmt anzunehmen, daß, wenn wirs auch in älterer Zeit nicht ausdrücklich bemerkt finden, dieses zum Sockel der Häuser gut verwendbare Gestein gern frei beim Hausbau überlassen wurde.

Nicht richtig würde in ihrer Allgemeinheit die Angabe sein, daß alle Anbauer in Schierke samt Weib und Kind von allen Lasten frei sein sollten, da die Grafen, die damals noch das Recht der Besteuerung ausübten, von allen Bewohnern von Schierke, selbst von ärmeren alleinstehenden Frauen, ein Kopfgeld oder Kontingent durch den Landreuter erheben ließen. In einem Schreiben einiger Witwen vom Mai 1711 sagen diese ausdrücklich, sie hätten der gnädigen Herrschaft ihre monatliche und jährliche Steuer zu bezahlen. Freilich, die in damaliger Zeit sehr bevorrechteten Berg- und Hüttenleute suchten sich dieser Steuer zu entziehen. Um 5. Oktober 1701 schreibt der Faktor Wackerhagen an den Hofrat Haberstroh in Ilsenburg, in seiner Abwesenheit sei, dem Vernehmen nach, ein Landreuter in Schierke gewesen, der das Kopfgeld angesagt habe. Da nun Hüttenleute und deren Bediente von allen und jeden dergleichen Auflagen befreit seien, so bittet er, den rauhen, abgelegenen Ort damit zu verschonen. Die Hüttenleute drohten ihres Weges zu gehen, wenn es bei der Steuer bleiben solle.

Dagegen wurde freie Weide für einige Stück Vieh gewährt. Als im Jahre 1711 jene Vergünstigung eingeschränkt werden sollte, bitten die oben erwähnten Witwen am 20. Mai d. J., man möge ihnen doch statt je zwei eigener oder Mietkühe vier Stück zu halten gestatten.

Abgesehen von der nur gelegentlich in neueren Akten erwähnten Leseholzgestattung genoß Schierke bis zur Westfälischen Zeit noch zweier Vorzüge: es war von der Accise und von der Aushebung oder der Kantonpflicht befreit. Trotzdem mußten gelegentlich zur Zeit König Friedrich Wilhelms I. preußische Werber am Neujahrstage 1713 mit dem Stadtvogt von Wernigerode den Weg bis zur Kirche zu finden, um sich daraus zwei junge Männer für den Militärdienst zu holen. Allerdings wurde erst der eine und auf Veranlassung der Herrschaft auch der andere freigegeben. Jene Befreiung bezog sich eigentlich nur auf die Hüttenleute, man scheint sie aber auf den ganzen Hüttenort ausgedehnt zu haben; wenigstens heißt es im Jahre 1805, daß es in Schierke ebenso wie in Schloß Wernigerode keine Soldaten gebe. Trotz der Freiheit von der Accise mußten die Schierker öfter ihre Lebensmittel, die sie in der Schenke kauften, teuer bezahlen, wo dann die Herrschaft Wandel schaffte. In dem gräflichen Kruge durfte nur einheimisches Bier verzapft werden;[1]

---

[1] Als einheimisches galt jedenfalls das Wernigerödische Bier: im Jahre 1701 wollte die Accise monatlich nur drei Faß Bier frei nach Schierke lassen. Delius Archiv-Auszüge Schierke betr. B. 74, 1.

selbst Elbingeröder „Brühan" war verboten, doch wurde wohl unbefugter Weise vom Müller fremdes Bier zugeführt.

Wir haben vom Anfang des 18. Jahrhunderts an eine Reihe von Meierei- oder Laßzinsbriefen erhalten, in denen Anbauern in Schierke Grund für den Bau eines Hauses und Raum zum Roden von Garten und Wiese zu einem bestimmten Meiergeld ausgethan und Holz zum Hausbau angewiesen wird.

Nahrungsstand und Beschäftigung waren durchaus bedingt durch den Forst und die hüttenmännischen Anlagen, die Holz- und Torfköhlerei, endlich auch zeitweilig durch die Arbeit auf der Glashütte. Erscheint darnach der Kreis der Erwerbsthätigkeit ein beschränkter, so gab es doch mancherlei Beschäftigung. Im Jahre 1756 zählte man 18 Hüttenleute, 28 Köhler mit Gehülfen, 5 Torfköhler, 3 Fuhrleute, 1 Schindelmacher, 6 Bauholzhauer, 4 Maurer, 2 Tischler, 2 Schmiede, 2 mit Wegebesserung beschäftigte Leute, 1 Bergmann, 3 Hirten, 30 gemeine Holzhauer, 53 mit Kohlentragen beschäftigte Personen — letzteres besonders Frauen — insgesamt 232 arbeitende, 137 unvermögende Personen. Dazu kamen die herrschaftlichen Beamten oder Bedienten sowie Pastor und Lehrer. Etwa zwei Jahrzehnte später, im Jahre 1775, gab es 3 Fuhrleute, 2 Müller, 3 Schmiede, 1 Tischler, 3 Maurer, 1 Zimmermann, 16 Hüttenleute, 2 Sägemüller mit Gehülfen, 72 Kohlenträger, 43 Holzhauer, 6 Torfarbeiter, 6 Hirten, 5 Mägde, zusammen 178. Der Schenke und die Viehhofpächter auf der Hohne und Schluft finden wir nicht mit aufgeführt. Wenn wir 1711 gelegentlich einen Hans Toms Oberländer als Holzhauer und "Schledenbuher" kennen lernen, so ist jene letztere Beschäftigung für Schierke eine recht bezeichnende und wichtige. Auf den einfachen Holzschlitten wurden nämlich bei der meist recht lange dauernden Eis- und Schneebahn nicht blos Hölzer, sondern auch Erz und Eisen in großen Mengen zu Thal gefördert, da sonst die sehr unvollkommenen Wege meist recht schwer zu benutzen waren.

Blicken wir auf die Gesamtzahl der Bewohner, so ist bei dem mehr als zweihundertjährigen Bestehen des Orts von einer regelmäßigen Zunahme nicht zu reden, vielmehr herrscht ein solches Schwanken, daß wir in der neuesten Zeit die Zahlen, wie sie vor anderthalb und zwei Jahrhunderten galten, wiederkehren sehen. Diese Zahlen sind recht entscheidend für die wechselnden Erwerbs- und Lebensbedingungen Schierkes.

Die erste uns bekannte Gesamtzählung ist vom Jahre 1737, wo man mit Einschluß der Schluft 377 Einwohner zählte, 1747 396, 1756 nur 369. Zwischen 1775 und 1780 schwanken die Zahlen zwischen 390 und 415 und zwar so, daß die letztere Zahl die vom Jahre 1775 ist. Von 1797 an schwankte mehrere Jahre die Bevölkerungszahl wenig über und unter 400, doch betrug sie 1797 376, 1805 aber 428. Im Jahre 1817 gab es 421 Einwohner. Zwischen 1823 und 1842 war die Zeit, in der Schierke die größten Bevölkerungsziffern aufweist. Die niedrigste darunter ist 464 im Jahre 1823, die höchsten sind 539 (1835), 556 (1837), 562 (1838), 550 (1839), 558 (1840)

564 (1841). Schon 1843 macht sich ein Rückgang der Bevölkerung bemerkbar, sie beträgt 517 Seelen, 1875 war sie bereits auf 368 herabgegangen, also auf einen geringeren Stand als 110 Jahre früher. 1880 zählte man 378, 1885 392, 1890 377 und bei der letzten Zählung anfangs Dezember 1895 385.

Besondere Beachtung verdient in Schierke das Verhältnis der Seelenzahl zu der der Wohnungen. Dieses muß als ein recht ungünstiges, zeitweise als ein ganz unleidliches bezeichnet werden. 1737 wohnten 377 Menschen in einunddreißig, zehn Jahre später 396 in einundvierzig Häusern, 1756 waren die 396 Personen auf vierundvierzig Häuser verteilt, 1797 aber 376 auf dreiundfünfzig, 1798 deren 403 auf fünfundfünfzig. Ende des 18. Jahrhunderts kamen auf ein Haus sieben Bewohner; und da zwischen 1823 und 1842 die Zahl der Häuser im Verhältnis zu dem der Bewohner sich wenig mehrte, so entfielen auf ein Haus acht und mehr Bewohner. Dieses Verhältnis mußte für Leben und Sitte der Bevölkerung von großem Nachteil sein. Und wenn es auch nach einer im Jahre 1772 von Haus zu Haus vorgenommenen Zählung nur einzelne Häuser gab, in denen mehrere Parteien wohnten und die Angabe, daß verschiedene Familien eine gemeinsame Stube bewohnten, in der sie ihre Abteile mit Kreidestrichen auf dem Boden bezeichneten, als Anekdote betrachtet werden mag, so waren doch die Mißstände, die eine solche Zusammendrängung von Personen, namentlich im dritten Jahrzehnt unseres Jahrhunderts, im Gefolge haben mußte, unleugbare und Gesundheit wie Sittlichkeit gefährdende. Die größte Zahl der Häuser waren Laßhäuser im

Besitze der Einwohner, doch gab und giebt es daneben auch herrschaftliche Miethäuser. Im Jahre 1840 war die Zahl der ersteren 47, der letzteren 6.

Im Jahre 1716 zerfiel die Einwohnerschaft von Schierke in 22 Hauswirte, 34 Einsassen (Häuslinge) und elf einzelnstehende Personen.[1]

Man dürfte wohl erwarten, daß bei einem verhältnismäßig jungen, in seinen Erwerbsverhältnissen und seiner Volkszahl so sehr schwankenden Orte der Wechsel der Familien ein überaus großer und schneller sein müßte, zumal da ein wesentlicher Teil dieser Bevölkerung, die Hüttenleute, wie der Faktor Wackerhagen zu Anfang des vorigen Jahrhunderts zu bemerken Gelegenheit hatte, zumeist aus fremden, nicht fest ansässigen Leuten bestand.

Dem gegenüber ist es nun um so merkwürdiger, daß wir die Thatsache feststellen können, daß es noch heute an dem kleinen Orte nicht weniger als dreizehn Urfamilien giebt, die also seit zwei Jahrhunderten und darüber hier angesessen sind und in denen, so lange es überhaupt möglich war, zumeist auch die Beschäftigung des Hammerschmieds, Holzhauers und Köhlers, Pächters und Viehzüchters forterbte, außerdem noch zwei weitere Familien, die hier bereits im siebenzehnten Jahrhundert ein-

---

[1] Das ergäbe also insgesamt 67 Parteien. Schierke, den 28. Nov. 1845 giebt der Revierförster Höfer in einem Schreiben an die gräfl. Kammer die Gesamtzahl der Schierler Familien mit Einschluß der Einzelnen auf 117 an, die, das Leseholz inbegriffen, jährlich etwa 500 Klafter Brennholz verbrauchten. Kammerakten, die Verwendung des Torfs zur Verminderung der Holzkonsumtion in Schierke betr. Rep. p. 339, Nr. 12.

zogen und gegen Ende des vorigen oder im laufenden Jahrhundert wiederkehrten. Es sind die:

Erbrecht, schon 1695 als Hüttenarbeiter ansässig, nach einzelnen Andeutungen von Elbingerode gekommen.

Hahne, ziehen 1700 ein. Der erste Einzögling, Paul H., Hüttenarbeiter, war 1637 zu Hasselfelde geboren. Sonst saßen die H. seit dem Mittelalter zahlreich in Elbingerode.

Hellerling, eine am Orte besonders zahlreiche Familie, zu der anfangs besonders Zimmerleute gehörten, war 1697 bereits in Sch. ansässig. Vielfach — doch nicht gerade in den allerersten Beispielen, wird der Name früher Hellering, Hellring geschrieben. Die Familie soll aus Schweden stammen, wofür aber Beweise nicht bekannt sind.[1]

Hellmund, Jürgen, h., Hufschmied, „Wohner" zu Sch., gehörte zu den ersten Einzöglingen seit Einrichtung des Hüttenwerks (1678). Im Januar 1718 starb er 88jährig.

Hoppe. Seit 1601 ziehen verschiedene H. vom Lande (Stapelburg, Deckenstedt und s. f.) in Wernigerode ein. Seit Ende des 17. Jahrhunderts sind sie Pächter auf der Hohne, Schluft (1756) und in der Nachbarschaft. Im Jahre 1879 erpachtete Martin H. die gräfliche Schenke.

---

[1] Nach dem sogenannten Memorienbuch auf der Pfarre zu Elbingerode heißt es bei Verzeichnung der Kirchensitze: In der mittelsten Rege unter der Orgel Stuhl 2 Valentin Hillerings sonst Hampe genant fraw ist hierin gewiesen. Die Angabe gehört der ersten Hälfte des 17. Jahrh. an.

Moock, zeitweise, namentlich früher, auch Schmock geschrieben und genannt; 1689 Holzhauer Andr. M., 1698 Hans M., Hammerschmied. Die M. haben schon vier Menschenalter dasselbe „Schmock'sche" Haus inne. Die gar zu große Unbeweglichkeit scheint nicht zum besten der Familie zu dienen.

Müller, der so häufige Name läßt sich hier von Geschlecht zu Geschlecht verfolgen. 1680 Meister Gangelof M.

Neuse, in älterer Zeit auch Nöse und Nöße. Mit den Hellmund und Saatze gehören sie zu den frühesten Einzöglingen in Sch.; Michel N., der Hammerschmied, schärft schon 1672 die Säge der Schneidemühle in Sch. Ernst N., der 1712 51¼ Jahr alt starb, besaß ein für die Verhältnisse des Orts namhaftes Vermögen.

Oberländer, ähnlich wie die Hellerlinge am Orte ziemlich ausgebreitet. Am 25. Okt. 1693 läßt Hans Th. O. eine Tochter taufen.

Paupel, Leop. P., dessen Frau am 2. Dez. 1710 im 56. Jahre stirbt, wird um die Wende des 17. und 18. Jahrhunderts eingezogen sein; genannt fanden wir ihn zuerst 1706.

Pesterling, früher Pesler-Pörster-Pöslerling. 1677/78 finden wir den Namen auf dem zu Sch. in naher Beziehung stehenden Hartenberge; 1692 baut sich Paul P., ein Hammerschmied, auf Sch. ein Haus; 1719 ist Joh. Andr. P. Köhlermeister.

Wenzel, sie stammen offenbar aus Elbingerode, wo die W. um die Mitte des 17. Jahrhunderts nicht vereinzelt saßen.¹) Hans Georg W. † zu Schierke am 19. Februar 1718 75jährig.

Winkel. 1714 Andreas W., Hammerschmiedemeister. Um 10. Februar 1756 stirbt achtzigjährig Joh. Hellerlings frau geb. Winkel.

Zu diesen kommen nun noch die Saatze und Knippert, die zu den Urfamilien in Sch. gehören, aber auf längere Zeit daselbst verschwanden. Die ersteren blühten schon im 16. Jahrhundert und noch heute in Elbingerode. In dem Hammerschmied Hans S. lernten wir den ersten von allen Hüttenleuten kennen, von dessen Hausbau in Sch. wir bestimmte Nachricht haben.

Daß die Zahl dieser Urfamilien nicht noch größer ist, liegt zum großen Teil daran, daß der kleinere Ort nach 1842 um nicht weniger als 200 Seelen abnahm. Bis dahin gab es von den alten Stammfamilien noch verschiedene, so die Edelmann (von der Tanne),² die Köhlerfamilie Hilmes oder Hilms, die Kaiser, Querfurt, Sinnemann. Die Müllerfamilie Warlich finden

---

¹ Ebendas. 14. Kirchenstuhl: Jacob Wenzels frau ist gegen die gebühr hirin gewiesen; Mannsstühle offen Chor: Jacob Wenzel durchgestrichen, dafür: hat seins Vater standt wieder erkauft den 7. Febr. 1690. Jacob W. ist in Sievert Hasbergs standt gewiesen!

² Ebendas. Bei den Kirchenstühlen zu Elbingerode in der britten Rege unter der Priechen beim Predigstuel! In diesem Stande steht Andres Edbelmanns frau. 1. Hälfte des 17. Jahrhunderts.

wir hier von 1680—1788),¹ auch lange die **Gropp, Hedderich, Köhler, Gatzemann, (Gattermann)**. Auch die über ein Jahrhundert in Schierke wohnenden **Brückner** verließen den Ort erst in neuester Zeit.

Seit dem vorigen Jahrhundert entsenden verschiedene der ältesten Schierker Familien Zweige ins Land nach Wernigerode, so die **Moock, Edelmann, Hellerling** und im neunzehnten die **Hellmund, Neuse, Wenzel**, auch **Hoppe**. Noch näher liegt ihre frühe Verzweigung nach Ilsenburg, wohin die Hüttenleute und Waldarbeiter schon ihrer engen geschäftlichen und erwerblichen Beziehungen wegen zogen, so die **Bley, Erbrecht, Försterling (Oesterling), Gattermann, Hedderich, Hilmes**. Wenn im benachbarten Elbingerode die **Brückner, Hahne, Hedderich, Hilmes, Kaiser, Moock, Sinnemann, Dollmer** als alte und neue Schierker Familiennamen fortblühen, so ist hierbei in den meisten Fällen weniger an eine jüngere Einwanderung, als ein an Fortbestehen alter dort einheimischer Familien zu denken, die sich zeitweise nach Schierke verzweigten, wie das z. B. bei den **Saatze** (Saatzen im Volksmunde) sicher der Fall ist. Als während des Nachlassens des Schierker Hüttenbetriebs um die Mitte dieses Jahrhunderts von der Grafschaft aus bergmännische Beziehungen zu dem Westfälischen Hattingen entstanden, folgten verschiedene strebsame Schierker (die **Neuse, Brückner** u. a.) auch dorthin.

---

¹ Jetzt wohnen auch noch Warlich ziemlich benachbart in Rübeland.

Bei diesem trotz mancher Hindernisse so treuen und festen Haften an dem ‚rauhen und wilden Orte' scheint doch nicht bloß ein blindes Beharrungsvermögen, sondern auch ein starkes, bewußtes Heimatsgefühl zu walten. Es fehlt auch nicht an bemerkenswerten Zeugnissen, die darauf deuten. Wie wäre es sonst zu erklären, daß selbst eine Beamtenfamilie, wie die Hopstock, die sich am Orte Erbenzinsgut erwarben, hier, wenn auch nicht ganz ohne Unterbrechung, etwa ein Jahrhundert als Förster, Forstbereiter, Faktor gefunden werden. Unter den verschiedenen Geschenken an die Kirche, die auch mit einem solchen Heimgefühle verbunden sind, ist gewiß das merkwürdigste das des Heinrich Kühle, eines Sohnes des seit 1784 in Schierke im Amt stehenden Kantors Joh. Matth. Kühle, der den Mangel einer den Gesang leitenden und die gottesdienstlichen Feiern seines Geburtsortes verschönernden Orgel tief empfindend, ein solches Werk der Kirche schenkte, das im September 1851 aufgestellt wurde und ein Menschenalter lang bei allen kirchlichen Feiern gute Dienste leistete.

Der Name von Schierker Familien haftet auch an Oertlichkeiten der nächsten und etwas weiteren Umgegend. Wir erwähnen nur das Hilmsloch und Hilmsbruch östlich von den Feuersteinsklippen, die Daupelsklippe, daneben die Hellerlingsklippe, auf einer unteren Stufe des Uhrensklint, das Gatzemanns=Loch am Fuße des Königsbergs, Winkelsberg, rechts vom Ottostein (von Wernigerode her) unterhalb der Hagenstraße, den Edelmannshäu über dem Quitschenhäu, den Köhlershäu. Vielleicht ist hierher auch der

Müllershäu unter dem Kl. Winterberge, Schierke unmittelbar gegenüber, zu zählen. Daß auch der Hellenwinkel am Quitschenhäu nach der Schierker Familie Hellering oder Hellerling genannt sein soll, dünkt uns nicht wahrscheinlich.

6. Geistiges Leben, Kirche und Schule.

Bei Erwähnung des engen Zusammenwohnens mehrerer Familien in einem Hause und des festen Haftens der Schierker an ihren Wäldern und Klippen streiften wir bereits das geistig-sittliche Gebiet. Ohne Zweifel konnten die ganz eigenartigen Lebensbedingungen des abgelegenen Orts nicht ohne wesentlichen Einfluß auf Geist und Gemüt seiner Bewohner bleiben, die, in einer Bergwildnis lebend, anfangs auch ein wenig dieser Wildnis entsprechend aufwuchsen. Das gesamte Rechnungswesen des Holzhandels und der Köhlerei wurde natürlich durch das Kerbholz vermittelt, die Zahl der Dielenfuhren, der Kohlenkörbe und Kohlenfuder dem Kerb- oder Kernstock aufgeschnitten. Nur der am Regierungssitze wohnende Forst- und Dielenschreiber führte geschriebene Rechnungen. Sehen wir uns die Zustände an, wie gerichtliche Verhöre sie uns zwischen 1686 und 1691 kennen lehren, so waren Schreiben und Lesen bei den Schierkern unverstandene Künste. Ein Brief wird gelegentlich von dem Faktoreischreiber auf der Sägemühle vorgelesen. Man erzählt sich vom Wehrwolf, von Spuk- und Hexengeschichten. Die des Schreibens unkundigen besitzen um so abergläubischer verehrte Venedigerbücher, die von den im Schooß der Berge versteckten Schätzen der Erde, vom Silberberge und dergleichen handeln. Ihr Alter wissen die Leute durchgehends nicht anzugeben; sie geben die Zahl ihrer Jahre nur nach Schätzung an. ‚Sie wäre alt‘, sagt im November 1713 Anna Fösterlings (Vesterling), ‚aber die Jahrzahl wisse sie nicht eigentlich‘.

Daneben sah es freilich auch damals schon hier und da besser aus, besonders bei den gräflichen Bediensteten. Im Hause des Försters Wagener sitzt früh morgens die Frau mit ihrer erwachsenen Tochter beim Ofen und spinnt, der Hausvater liest im Gebetbuche. Der angeklagte Sägemüller Warlich sagt anfangs 1691 aus, daß er drei bis viermal im Jahre zu Beichte und Abendmahl gegangen, er weiß auch über die schwierigeren Katechismusfragen Bescheid zu geben.

Daß der Weg zur Kirche weit und zumal im Winter beschwerlich sei, konnte Warlich mit Fug und Recht sagen. Mußte man doch zu Predigt und heiligen Handlungen bis an den Fuß der Berge nach Wernigerode wandern, wohin der Ort eingepfarrt war, und zwar in die Oberpfarre zu St. Silvestri. Schon bei der alten im dreißigjährigen Kriege wüst gewordenen Sägemühle war das der Fall. Das erste Kirchenbuch der Oberpfarre gedenkt daher eines Kindleins, das im August 1620 ein Mann aus Schierke zu St. Silvestri taufen läßt. Die Grafen zu Stolberg ließen sich als gewissenhafte Landesherren das geistliche Wohl ihrer Schierker Unterthanen ernstlich angelegen sein. „Weil die Erziehung der kleinen Kinder," sagt Graf Ernst in dem Pachtvertrage über die Schierker Hütte mit dem Faktor Grill vom 19. Dezember 1687, „auch daß selbige sowohl als die Alten zur Gottesfurcht angewiesen und gehalten werden, höchst nötig, einen eigenen Schulmeister droben zu halten, als soll hiezu nächste Ostern von unserm Superintendenten" — das war bis auf Sam. Lau 1743—1746 stets der Oberpfarrer — „ein tüchtiges Subjektum angeschaffet und gebührend bestellet, ihm auch worin seine Funktion bestehen soll vorgeschrieben werden, welchem er für sich die halbe Besoldung giebt, die andere Hälfte aber wir übernehmen wollen."

Den Superintendenten läßt der Pachtinhaber jährlich dreimal zur Kommunion der Einwohner nach Schierke fahren. Wenn dieser am Orte ist, predigt er natürlich, sonst soll der Lehrer Sonntags eine Predigt lesen. Vier Jahre dauerte es noch, bis es zur Anstellung des Lehrers kam, aber auch das Hinausfahren des Superintendenten muß bis dahin sehr unregelmäßig erfolgt sein, da Warlich sonst nicht von dem weiten Wege hätte reden können, den er bis Weihnachten 1690 bei seinen Beichtgängen zurückzulegen hatte. Im Jahre darauf wurde aber in Konrad Weihe ein erster Lehrer bestellt und 1699 ordnet der Vertrag mit Wackerhagen die Pflichten des Pachtinhabers gegen Lehrer und Superintendenten. Die feierliche Einweihung der Kirche wurde am 21. August 1691 durch den Superintendenten Dr. Joh. Wolf vollzogen.

So war denn viel erreicht, und anfangs 1699 fühlte sich der bekannte Liederdichter V. Neuß, damals Superintendent der Graffchaft, gedrungen, dem Grafen Ernst schriftlich seinen Dank dafür auszusprechen, daß er sich des Schierkschen Gottesdienstes in dem neuen Vertrage mit Wackerhagen angenommen habe; Gott werde es vergelten. Aber es gab doch noch so lange kein ordentliches evangelisches Kirchenwesen, als der Gemeinde ein stets anwesender eigener Seelsorger und Prediger fehlte. Nach wie vor mußten die Kinder in Wernigerode getauft, die Ehen daselbst eingesegnet werden, soweit solche heiligen Handlungen nicht bei Gelegenheit der drei jährlichen Beichtfahrten des Superintendenten vorgenommen wurden. Recht schwer war es den Leuten auch, daß sie ihre Toten nicht daheim in ihrem Felsenthale zur Erde bestatten konnten, sondern sie bis jenseit Wernigerodes auf den St. Georgenkirchhof fahren mußten. Hier und da kam es vor, daß mit besonderer Erlaubnis in Elbingerode die Ehen eingesegnet und Verstorbene begraben wurden, besonders wenn Schnee, Frost und Unwetter die Verbindung mit Wernigerode zu sehr erschwerten. Hans Konrads Söhnlein wird 1700 im Schierker Kirchgarten eingesenkt. Seit dann im Juni 1707 kurz vor der Ausweisung eines besonderen Kirchhofs des Försters Hopstock Söhnchen in Schierke hatte bestattet werden dürfen, fanden hinfort alle Begräbnisse an Ort und Stelle statt.

Der größte Mißstand, daß die Schierker Gemeinde keinen eigenen Seelsorger bei sich hatte, trat besonders schmerzlich hervor, seitdem der tüchtige Faktor Wackerhagen (1699—1724), der 1711 Oberfaktor und Inhaber des Hüttenwerks zu Gittelde geworden war, sich meist außerhalb Schierkes aufhielt und so auch diese einflußreiche Spitze fehlte. Da schrieb denn der fromme Graf Christian Ernst, nachdem er sich durch persönliche Anwesenheit über die Zustände in Schierke belehrt hatte, am 7. Januar 1716 an den Oberfaktor: „Wir müssen bei Eurer Abwesenheit von Schierke viel ärgerliche Dinge von dem Hüttenvolk vernehmen, deswegen wir uns in unserem Gewissen vor Gott verbunden befinden, einen ordentlichen Prediger neben unserm Schulmeister bei unserm Hüttenort zum Schierke zu bestellen". Er fordert ihn auf Grund von Bestimmungen des Pachtvertrags zu einem Beitrage für den zu bestellenden Pastor auf und erinnert den Geschäftsmann klüglich an den Wert dieser Einrichtung auch zu des von ihm erpachteten Werkes Nutzen: „damit das rohe Hüttenvolk zu besserer Erkenntniß Gottes und darauf zu treuen Dienstleistungen bei dem Hüttenwerk gebracht werden möge." Sofort heißt Wackerhagen jenen Plan, „den rohen Leuten zur Erhaltung guter Disciplin einen Prediger einzusetzen", willkommen. Zu der vertragsmäßigen, und wenns nicht zu hoch kommt, auch einer freiwilligen Beisteuer erklärt er sich bereit. So werden denn zunächst die 120 Thlr. Bareinkünfte des Pfarrers mit 57 Thlr. — einschließlich des Quartalgeldes der Hüttenleute — vom Oberfaktor, 10 Thlr. von der Sägemühle (Siemens und Genossen), 2 Thlr. vom Förster, 1 Thlr. vom Hüttenschreiber, 49 Thlr. Quartalgeld von der Gemeinde übernommen.

Nun konnte alsbald des Grafen und der Gemeinde Verlangen erfüllt und am 24. Mai 1716 Huldreich

Sigmund Jordan Friederici aus Roßla als erster Pastor in Schierke eingeführt werden. Da noch ein Pfarrhaus fehlte, so nahm Wackerhagen Friederici im ersten Jahre in der Faktorei auf. Nachdem das Pfarrhaus fertig gestellt war, erfuhr 1718 die Kirche eine wesentliche Erweiterung und Besserung. Und da sie selbst ohne Turm war, so wurde nebenan am Berge von Wackerhagen ein besonderer Glockenstuhl gebaut, der dann 1742 durch Graf Christian Ernst beim Guß einer größeren neuen Glocke erweitert wurde.

Der unermüdliche, echt landesväterlich waltende Herr fühlte aber, „da unter den Einwohnern zum Schierke Schlagen und Schelten überhandnehmen" sechs Jahre danach das Bedürfnis, neben dem kirchlichen und Schulamt auch ein weltliches Gerichtsamt für den kleinen Ort zu bestellen, und so gab es denn von 1722 bis 1808, also bis in die Westfälische Zeit hinein, besondere Gerichtshalter oder Justitiarien für Schierke, die wenigstens allmonatlich hinausziehen mußten, um die streitigen Angelegenheiten der Parteien zu schlichten. Die Gerichtsstube war auf der Faktorei.

Die Lehrer hatten eine schwere Aufgabe, da bei der Lebensweise der Bewohner der Unterricht nicht zu allen Jahreszeiten gleichmäßig erteilt werden konnte und die Kinder im Sommer den größten Teil des Tages im Walde heimisch waren. Im Jahre 1772 erstattet aber der Pastor Fuchs, indem er alle Einwohner, Haus für Haus durchgeht, dem Grafen Henrich Ernst einen überaus günstigen Bericht über das sittliche und persönliche Verhalten der Schierker und hat nur ganz vereinzelte Ausstellungen zu machen.

Das sittliche Leben müßte sich danach sehr gehoben haben. Des damals regierenden Grafen Sohn und Nachfolger Christian Friedrich ließ sich neben der religiösen auch die allgemeine geistige Hebung seiner Schierker Unterthanen eifrigst angelegen sein, und ums Jahr 1785 berichtet A. C. Hopstock, wie die jüngeren gräflichen Beamten teils auf sein Begehren, teils aus eigenem Antriebe sich nicht ohne Erfolg bemüht hätten, die Leute gesitteter zu machen und ihnen ihre alten „Vorwürfe" (Vorurteile) zu benehmen.

Zur kirchlichen Gemeinde von Schierke gehörten verschiedene außerhalb in Berg und Wald zerstreute Anlagen. So erhielt der Pastor 15 Thaler jährlich Entschädigung für die auf dem Brocken zu haltenden Andachten. Es ist damit der frühere Kleine Brocken, die nach dem Grafen Heinrich Ernst die Heinrichshöhe genannte südsüdöstliche Brockenschulter, gemeint, auf der 1744 ein Wirthaus und ein gräfliches Sommerhaus erbaut war. Weiter zurück reichten die Viehhöfe auf der Hohne und in der Schluft. Beide waren nach Schierke eingepfarrt. Da man aber bei der Fahrt von der Hohne nach Schierke im Knaupholz das Elbingerödische berühren mußte, so wurde im Jahre 1756 bestimmt, daß die Bestattung der daselbst gestorbenen auf dem Schloßkirchhof vor Wernigerode stattfinden, die Gebühr aber an den Pfarrer zu Schierke gezahlt werden solle. Die einst im Elbingerödischen gelegene Mordschlackenmühle hielt sich auch kirchlich zu dem letzteren Orte.

Wenn den Schierkern im Jahre 1772 von ihrem Seelsorger ein günstiges Zeugnis über ihr sittliches

Verhalten hatte ausgestellt werden können, so konnte ein gleiches in neuerer Zeit — 1866 — von dem obersten Schulinspektor der Grafschaft, dem Superintendenten Arndt, hinsichtlich des damaligen Zustandes der Schule gefällt werden. Sein Urteil über die Leistungen derselben lauteten dahin, daß, während dieselbe sonst fast den niedrigsten Stand von allen Schulen der Grafschaft einnahm, sie sich bis zur Höhe der besseren erhoben habe.

7. Die Erschließung des Schierker Thals.

Es war ein recht langer, mühsamer Weg, den menschlicher Fleiß und Betriebsamkeit zurückzulegen hatte, ehe das entlegene, abgeschlossene Felsenthal an der oberen kalten Bode so zugänglich gemacht wurde, daß heutzutage Roß und Wagen und der Fuß des frohen Wandersmanns ohne jedes Hindernis und Mühe, außer derjenigen, die durch die allmähliche Steigung bedingt ist, vom Fuß des Gebirges nach allen Enden gelangen kann. Es schienen sich an dieser Stelle verschiedene Hindernisse vereinigt zu haben, um jenes Ziel zu erschweren: außer dem Waldesdickicht der starre Fels mit seinen überall hingestreuten, den Weg versperrenden Klippen und nicht wenig die ausgebreiteten sumpfigen, nie austrocknenden Hochmoore. Auch die bei Schneefall und Unwetter mächtig anschwellenden Gebirgswasser erschwerten an manchen Stellen den Zugang zu den Orten hoch im Gebirge.

Von einer gewissen Aufräumung des einst mit untaugenden Bracken und Brandholz bedeckten Waldbodens haben wir nicht zu handeln, da sich diese seit Anlage der Sägemühlen, deren wir gedachten, allmählich vollzog. Auch der Rodungen von Wald zu Wiesen, Gärten und Hausstellen ist bereits gedacht worden. Dagegen verlohnt sichs nun wohl, auf die allmähliche Entstehung der Wege im Schierker Revier und auf Schierke zu hinzuweisen, die sich hier so ziemlich von ihren Anfängen an verfolgen läßt, während sich die Entstehung der Wege in der Kulturebene fast immer unserer Beobachtung entzieht. Denn der Ursprung der ersten Verkehrswege fällt zusammen mit der frühesten Urbarmachung der Welt.

Freilich gab es, auch ganz abgesehen von den Kaiserstraßen und dem Ulmer Wege, bei Schierke schon vereinzelte dürftige Wege, ehe geregelte gewerbliche Unternehmungen bis zu jener Gegend vordrangen. Der Köhler bedurfte ihrer wie der Nutzholzfäller, der doch vereinzelt schon gegen Ende des Mittelalters Holz selbst vom Brocken herabschleppte.[1]

So heißt denn schon im Jahre 1527 ein Forstort am Uhrensklint nach einem solchen Wege der Kneppelweg, später Knüppelweg.[2] Der Name deutet hinlänglich auf die Beschaffenheit dieses höchst einfachen Verkehrsmittels: es war ein roher Knüppeldamm, auf welchem durch nebeneinander

---

[1] Beispiele von 1516 und 1539 (Harzzeitschr. 11 [1878]) S. 47.

[2] S. ebendaselbst.

gelegte Bohlen die durch Moor, Wasser oder Klippen unwegsamsten Stellen notdürftig überbrückt waren. Seit nun die Rechnungen über die Schierker Sägemühle vorliegen, beobachten wir, wie alljährlich meist sehr bescheidene Ausgaben für die Anlage oder Ausbesserung solcher Bohlwege oder Knüppeldämme verzeichnet sind, darunter für solche nach den Moorschlacken, dem Schuppenthal, Uhrensklint. Es wird eine Brücke über die Schluft (das Schluftwasser) hergestellt, um das Holz herüber zu befördern. In den Pachtverträgen über das Hüttenwerk und die Mühlen zu Schierke wird jedesmal die Herstellung und Unterhaltung dieser Wege mit ausbedungen. Der Hüttenpächter hat nur die Wege zwischen den Sägemühlen dem Pächter derselben zu überlassen. Zu der Zeit, in welcher Mühlen und Hüttenwerke unter gräflicher Verwaltung standen, finden wir dann seit dem 17. Jahrh. noch zahlreichere Ausgaben für die Anlage und Besserung dieser Bohlwege verzeichnet; wir sehen, wie dieselben Ruthenweise, bald in geringerer, bald in größerer Zahl angelegt und ausgebessert werden.

Einen zu seiner Zeit als etwas Großes angesehenen Fortschritt erfuhren jene Gebirgswege, als der betriebsame Graf Christian Ernst seine abgelegenen Waldreviere in größerem Maßstabe zu nutzen suchte und zu dem Hüttenwesen, dem Holzfällen und der Köhlerei auch noch große Torfstechereien im Schierker Revier anlegte. Gerade diese im grundlosen Moor zu betreibenden Stiche machten besondere, wenn auch durchgängig nur kürzere, Zu- und Abfuhrwege nötig. Aber bei diesen untergeordneten Wegen blieb es nicht; der

Graf stellte auch größere Verbindungslinien mit Schierke und dem Brocken her. Mit einem gewissen Stolze gedenkt ums Jahr 1784 der Wernigeröder Christian Friedr. Schröder der beiden ‚durch Kunst angelegten' Wege, die diesem unternehmenden Herrn, wenn auch nicht ganz ihren Ursprung, so doch eine wesentliche Verbesserung verdanken: der alten Schierker Straße, die von Wernigerode den Salzberg hinauf die Hochebene erklimmt, sich zur Hohne und dann in wesentlich westlicher Richtung nach den Feuersteinen und nach Schierke wendet, und der andern, die von Ilsenburg nach dem Brocken — der Heinrichshöhe — führt. Für den Frachtverkehr mit Schierke konnte nur die erstere Straße in Betracht kommen, die übrigens durch den wenigstens stellenweise ihr eigenenden Namen Andreasberger Weg und ihre Richtung darauf deutet, daß sie schon früher einer Verbindung mit jener oberharzischen Bergstadt diente.

Die Beschreibung, die Schröder selbst von diesen Wegeanlagen giebt, zeigt freilich, daß es, zumal nach heutigen Begriffen, sehr ‚böse' Wege waren. Die ‚Kunstarbeit' bestand im Wesentlichen darin, daß von den großen zu sehr hervorragenden Klippen die Ecken abgeschlagen oder abgesprengt, mit dem dadurch entstandenen Geröll die Vertiefungen dürftig ausgefüllt und die großen Steine zur Seite des Weges aufgereiht waren. In den Moorstrecken legte man ziemlich unzulängliche Knüppeldämme an. Um die Fahrt nach Schierke und zur Heinrichshöhe unternehmen zu können, mußte man besonders starke mit vier geeigneten Pferden bespannte Wagen haben. Wenn man Glück hatte, kam man damit

in vier Stunden bis zu den Feuersteinen vor
Schierke. Oefters blieben aber auch die Wagen
mit ihren Rädern in den engen felsigen Gleisen
stecken.[1]

Von Ilsenburg nach dem Brocken, und zwar
bis zum Großen Brocken hinauf, wurde von Christian
Ernsts Enkel, Graf Christian Friedrich, eine bedeutend verbesserte Straße angelegt. Da aber die
Steilheit derselben sie nicht als ein hinreichendes
Glied in der Verbindung mit Schierke erscheinen
ließ und die ‚schlimmen Bergwege' noch im Jahre
1811 als ein großer Hinderungsgrund für den
Absatz des Schierker Eisens bezeichnet werden konnten,[2]
so war es eine große Wohlthat für den Ort, daß
Graf Christian Friedrichs Sohn und Nachfolger,
Graf Henrich (1824—1854), von 1828 bis Ende
1834 hoch vom Cumkuhlenthal über Hasserode
aus, bis wohin eine gute Straße schon bestand,
an den Hohnsteinklippen vorbei und über die Hohne
mit einem Kostenaufwande von rund 9900 Mark
(3299 Thlr.) eine neue schöne Straße anlegen ließ,
die nun neue Schierker Straße hieß.

Wenn wir oben sahen, wie mit jedem neuen
Betriebe, von den Jagd- und Köhlerpfaden an bis
zu den Holzabfuhrwegen und den Verbindungs-
strecken zu den Torfstichen, jede Art Kultur neue
Verkehrs- und Verbindungsmittel nötig gemacht
und zur Folge gehabt hatte, so mag nicht unerwähnt

---

[1] Christian Friedr. Schröder, Abhandlung vom Brocken
und dem übrigen alpinischen Gebürge des Harzes. Dessau
1785. Vorrede 1784.

[2] Vergl. den im 3. Abschnitt erwähnten Bericht des
Faktors Freytag.

bleiben, daß auch noch das Glashüttenwerk auf dem Jacobsbruche einen besonderen Weg benutzte, der südlich um den Hohnekopf herumführte und unter dem Namen Glashüttenweg bekannt wurde.

Durch die „neue Schierker Straße" war mit dem Jahre 1834 eine für Menschen, Roß und Wagen brauchbare gute Verbindung zwischen Wernigerode und Schierke hergestellt. Aber freilich, an einzelnen Mißständen, wie unsere an treffliche, bequeme Straßen gewöhnte Zeit sie schwer empfindet, fehlte es ihr nicht, besonders an stellenweise zu steilem Aufstiege. Diesen Mängeln wurde nun, soweit dies bei dem steileren Abfalle des Gebirges und der Höhenlage von Schierke nur irgend erwartet werden konnte, durch ein weit größeres Unternehmen abgeholfen, das des gegenwärtigen Fürsten Otto zu Stolberg-Wernigerode Durchlaucht in den Jahren 1869 bis 1872 ins Werk richtete. Diese neue Schierker Straße, mit deren Herstellung die vom Grafen Henrich gebaute zur alten wurde, zweigt unten im Cumkuhlenthal von der Hasseröder Chaussee ab, führt dann durch das Drängethal zu dem Wege-, ehemaligen Zechenhause der Drei Annen, weiter zur Signalfichte und dann in westlicher Richtung nach Schierke. Auf höchsten Befehl des Erbauers erhielt sie vom 3. August 1874 ab, dem Tage, an welchem der gräfliche Oberforstmeister v. Hagen sein fünfzigjähriges Dienstjubiläum feierte, den Namen Hagenstraße. Die Kosten dieses Wegebaues beliefen sich auf rund 35,830 Mk. (11,943 Th., 13 Gr., 8 Pf.). Die Länge beträgt 11,375 Meter.

Damit konnte das mächtigste Hindernis einer leichten Verbindung der Außenwelt mit dem hohen

Gebirgsthal, der harte starre Fels, als überwunden gelten. Erwähnen wir noch, daß mit einigen Windungen über die steilen Sandbrinke auch eine regelrechte Straße vom Oberharze her an Schierke vorbeiführt, von Ostsüdosten eine andere über Elbingerode und Elend, die in der günstigen Jahreszeit Wagenverbindung mit der Blankenburg-Tanner Bahn hat, den Ort erreicht, und daß man sich anschickt, von der Wernigerode und Nordhausen verbindenden Bahn eine Abzweigung bis auf eine solche Entfernung nach Schierke zu leiten, daß der Ort leicht erreichbar ist, ohne daß seine wohlthuende Stille gestört würde, so tritt uns hier ein recht merkwürdiges Beispiel von der Erfüllung des verheißungsvollen göttlichen Befehls an den Menschen vor Augen, sich die Erde unterthan zu machen.

Aber nicht nur für die Zufuhrwege zu dem abgeschlossenen Gebirgsthal, auch für die Anlage Schierkes als Dorf und für den unmittelbarsten Verkehr der Einwohner unter einander bildete das Gestein ein nicht geringes Hindernis. War doch einst weit mehr wie jetzt, wo Jahrhunderte an der Aufräumung gearbeitet haben, der granitige Boden von Schierke eine solche Klippenwildnis, wie sie sich nicht leicht ein zweites Mal in Deutschland finden dürfte. Zwar haben wir über die schwere Arbeit, die es kosten mußte, einen solchen Boden für Häuser, Gassen und Gärten aufzuräumen und zugänglich zu machen, aus dem ersten Jahrhundert nach der Dorfgründung keine Nachricht, aber im Wesentlichen wird A. C. Hopstock, der Sproß einer lange in Schierke ansässigen Familie, mit dem Recht haben, was er darüber im Jahre 1785 gegen die „Akademie der schönen Wissenschaften in Braunschweig" — eine der damals in jener Stadt blühenden Gartengesellschaften — sich vernehmen läßt. Nachdem er von den „50 bis 60" bloß von Holz erbauten und mit Tannenschindeln gedeckten Häusern oder Hütten gesprochen, die höchstens insgesamt sechs in kläglichem Zustande befindliche Fenster aufzuweisen haben, und von der ebenfalls in Holz ausgeführten und mit langen Holzpfeilern vor dem Einfall geschützten Kirche und Schule, fährt er fort: Da dieser Ort, wo man das Auge auch hinwendet, nichts als lauter Steine und große Klippen ausweiset, so hat es vor alten Zeiten, als derselbe angebaut worden, viel Mühe und Schweiß gekostet, eine Straße oder vielmehr nur einen Fahrweg durch eine solche Wüste zu schaffen, welches nicht anders als durch Schießen oder Sprengen hat geschehen können. Die Häuser sind also zu beiden Seiten angebaut und stehen teils sehr unregelmäßig, weil man sich zu oft nach den großen unbeweglichen Felsen hat richten müssen, so wegzuschaffen nicht möglich gewesen.[1]

Gegenüber den steilen, felsigen Höhen treten die anderen Naturformen und -Erscheinungen als Hemmnisse des Verkehrs mehr zurück. Der Schnee lastet freilich oft recht lange auf diesen Höhen und liegt zuweilen so tief, daß man sich dadurch Gänge von Haus zu Haus und zur Kirche bahnen muß. Seit alter Zeit waren sonst die Schierker gewohnt,

---

[1] A. C. Hopstock, der seine Abhandlung in Braunschweig schrieb, war wohl ein Bruder des von ihm erwähnten damaligen Schierker Hüttenschreibers J. W. Hopstock. Die Handschr. dieses Aufsatzes findet sich im Fürstl. H.-Archiv zu Wernigerode.

im Schnee mehr ein Förderungsmittel, denn eine Behinderung des Verkehrs zu sehen, da sie auf der Schneebahn, wie wir bereits gelegentlich erwähnten, auf die leichteste und billigste Weise Hölzer, Eisen und sonstige schwere Lasten auf Holzschlitten hinab beförderten.

Im nicht gefrorenen Zustande tritt das Element des Wassers hier oben allerdings öfters zerstörend auf. Für gewöhnlich erscheint dies freilich nicht so, und die südlich vom Brocken herabfließenden Quellgewässer haben eine so bescheidene als anmutige Gestalt. Die Hand eines geschickten Malers hat daher die Bode bei Schierke als ein halberwachsenes liebliches Mägdlein dargestellt, dem gefühlvolle Zwerge, auf den Klippen ihres Felsenbettes stehend, mit frischen Waldblumen und mit dem schimmernden Gold der Tiefe ihre Huldigungen darbringen.[1] Aber dieses krystallhelle liebliche Brockenkind kann zur Riesin anwachsen, wenn der warme Südwind die mächtigen Schneemassen schmelzt oder wenn im Sommer anhaltende Regenschauer das enge Thal durchziehen oder Wolkenbrüche sich darin entladen. Zwar sehr nüchtern, aber sehr klar und bedeutsam geben uns die alten Holzrechnungen von einer solchen Verwandlung der zarten lieblichen Jungfrau in eine riesige Unholdin Zeugnis, wenn sie von dem immer wieder zerstörten Wehr der Sägemühlen, den weggerissenen Brücken, den Mengen hinabgetriebener Holzblöcke reden.

---

[1] Der von dem begabten niedersächsischen Maler Arnold Bellersen in Ferb. Müllers Kunstanstalt für Glasmalerei zu Quedlinburg ausgeführte ursprüngliche Entwurf dieses Bildes findet sich im Besitz des Verfassers dieser Schrift. In Lichtdruck verjüngt nnd vervielfältigt, schmückt es ihren Titel.

Ein par Beispiele von solchen zerstörenden Ueberflutungen mögen hier angeführt werden. Am 8. Juni 1688 wurde die gleich bei Schierke gelegene Untersägemühle gänzlich zerstört und die Bode hinuntergetrieben, auch einundzwanzig Fuder und sieben Dielen von den Fluten hinweggespült. Die Obermühle wurde ebenfalls so stark beschädigt, daß zu ihrer Wiederherstellung fünfzehn Thaler allein an Arbeitslohn gezahlt werden mußten. Auch die Hüttenwerke hatten von dem Hochwasser schwer zu leiden: „Weil durch das hohe Wasser," heißt es in der gleichzeitigen Holzrechnung, „der Hohe Ofen und Hammer mit Sand und Steinen angefüllet worden, hat solches müssen ausgebracht und wieder in rechten Stand gesetzet werden". Zur Wiederherstellung des Zerstörten waren fast lediglich an Arbeitslohn 192 Thaler zu zahlen, nach damaligem Geldwert eine ansehnliche Summe.

Im Februar des Jahres 1834 wurde das Hochwasser nicht durch gewaltige Regengüsse erzeugt, sondern nach und nach schwoll die Bode so sehr an, daß sie alle Brücken wegriß, große Granitblöcke umwälzte und bis an die Mauer des Backhauses trat. Daß die Bode früher zum Hinabflößen des Holzes von Schierke bis an den Fuß des Gebirges bei Thale benutzt wurde, erscheint gewiß heutzutage manchem etwas unverständlich. Und doch wurde das, was in dem erwähnten Holzflößvertrag von 1531 zwischen Regenstein und Stolberg bedungen war, auch bei Schierke ausgeführt. Gelegentlich finden wir erwähnt, wie beispielsweise 1714 der Braunschweig-Lüneburgische Oberfaktor Hattorf hinter der Schierkeschen Hammerhütte Holz zum Flößen ins

Waffer warf, das auch noch mit Eifenschienen beschwert war, die mit dem Schierkeschen Hüttenzeichen „bemärket" waren. Natürlich flößte man nur bei hohem Wasserstande, der auch wohl zu einer Zeit, in der die tiefen Hochmoore noch unverkürzt und durch Abzugsgräben noch nicht entwäffert waren, mehr geregelt war. Es bedurfte eines befonderen Geschickes der Holzknechte, um die Blöcke von den scharfen Ecken abzustoßen, deren die vielgewundene Bode manche hat.

Als, wie oben erwähnt, im Februar 1834 Hochwaffer war, hatte man dort zu Anfang des Monats einige warme Tage gehabt und im ganzen Winter wenig Kälte. Ueberhaupt ist in Schierke bei seiner gedeckten Lage für gewöhnlich nicht die Kälte zu spüren, wie man sie hier in einer Höhe von 610 Metern erwarten follte. Auch vor den rauhen, eifigen Stürmen ist Schierke in seiner allseitigen Bergumkränzung ziemlich geschützt. Das schließt freilich nicht aus, daß auf diefen Höhen die Winde oft mit befonderer Macht dahinbraufen und in den Lüften ihr wildes Spiel treiben. Von einem ganz örtlichen gewaltigen Wirbelsturm berichtet als bewanderter Zeuge der Schierker Faktor Ferdinand Freytag zum 20. Juli 1828. Die Feuersbrünfte, die den Ort und deffen benachbarte Waldstrecken verhältnismäßig oft heimfuchten, hatten zwar ihren Grund vielfach in dem einfeitig vorherrschenden Holzbau, den unzulänglichen Löschvorrichtungen, auch in der Unachtfamkeit und Nachläffigkeit der Bewohner, aber befördert wurde doch ihre Ausbreitung, erschwert und verhindert ihre Bewältigung durch hinzukommende Stürme oder heftige Winde.

So war es, als am 16. Januar 1822 zwischen 10 und 11 Uhr nachts die Sägemühle in Brand geriet. Bei dem daherbrausenden heftigen Sturmwinde war an keine Rettung zu denken und in kurzer Zeit verzehrten die Flammen, die plötzlich hoch aufsteigend das benachbarte Braunlage erleuchteten, das ganze Werk.

Das größte Schadenfeuer, von dem wir am Orte wissen, legte am 4. August des Jahres 1834 von 4 Uhr nachmittags an bis in die Nacht hinein trotz der auseinanderliegenden Wohnungen ganz Unterschierke in Asche. Die Faktorei wie die darunter liegende Hammerhütte, Kohlenschuppen, Eisenmagazin, sieben unmittelbar herrschaftliche Häuser und zwanzig Häuser der Einwohner wurden von den Gluten verzehrt und 212 Personen ihres Obdachs beraubt. Wir können es wohl verstehen, wenn der Berichterstatter sagt, es habe einen tief ergreifenden Eindruck gemacht, das enge lange Thal wie von einem Feuerstrom erfüllt zu sehen. In die Schrecken der Nacht drang aus dem Walde das Blöken der irrenden Rinder, das Geschrei der verscheuchten Hähne.

8. Schierkes Natur in ihrem Einfluß auf Leib und Gemüt.

Wir haben gesehen, wie im Verlauf von Jahrhunderten durch lange mühevolle Arbeit im Kampf mit mächtigen Naturformen das Gebirgsthal von Schierke immer zugänglicher gemacht und das Ziel zu einer Zeit erreicht wurde, als die wirtschaftlichen Betriebe, die den Anlaß zu dieser Siedelung gegeben hatten, fast ganz aufgehört hatten. Daß dies geschehen konnte, hatte im Wesentlichen darin seinen Grund, daß jene Anlagen und Beschäftigungen an dem abgelegenen Orte den Wettbewerb mit andern günstiger gelegenen nicht aushalten konnten.

Waren so durch den Entwicklungsgang des neuesten Wirtschaftslebens den Bewohnern die meisten Bedingungen für die Gewinnung ihres täglichen Brots, das sie aus der zu hoch gelegenen dem Granit aufgelagerten Bodenscholle nicht zu gewinnen vermochten, genommen, so hatte ihnen ein solcher Wandel eine doppelte Mitgift nicht nehmen können, die davon unabhängig war: den erquickenden und belebenden Einfluß der Wald- und Höhenluft und das klare frische Gebirgswasser auf den Körper und das leibliche Wohlbefinden und die erhabene Schönheit dieses Wald= und Gebirgsthals mit ihrer Geist und Gemüt erhebenden Einwirkung auf den innern Menschen. Aber jene beiden unwandelbaren Vorzüge des entlegenen Hochthals schienen für die früheren Geschlechter nicht vorhanden zu sein. Für die Schönheit der Gebirgswildnis war das Auge noch nicht erschlossen und nach der kräftigenden wiederbelebenden Wirkung dieser Gebirgsluft war ehedem noch nicht ein solches Verlangen, wie in unserer durch Dampf und Glut und durch die Errungenschaften einer hohen Kultur, besonders der Elektrotechnik, abgearbeiteten Zeit, die der Stärkung und Beruhigung des allzusehr angegriffenen Nervensystems dringend bedarf.

Man dürfte dennoch zu der Frage berechtigt sein, ob nicht die alten Könige und Kaiser, wenn sie nach den Leib und Geist angreifenden Arbeiten ihres hohen verantwortungsvollen Berufs immer wieder zu den waldigen Harzhöhen zurückkehrten, ein Bewußtsein von dem kräftigenden Einfluß der Wald- und Höhenluft hatten, indem sie auch etwas von dem erfuhren, um dessentwillen lange Jahrhunderte später der Dichter Göthe sogar im Spätherbst des Jahres 1777 auf diese Höhen flüchtete, um hier nach einer bürgerlich wollüstigen Abspannung Leib und Geist wieder zu stärken und zu erquicken. Wie es sich auch damit verhalten möge, jedenfalls war nicht nur beim gemeinen Mann, sondern auch bei Gebildeten das rauhe Schierke gefürchtet und gemieden. Das tritt recht bei den Bemühungen der Grafen bei der Pfarrbestellung in den Jahren 1716 und 1772 zu Tage, wo verschiedene Kandidaten sich scheuten, dem Rufe nach einem solchen Orte zu folgen. Das erste kräftige Zeugnis zu Gunsten der Luft und sonstigen Lebensbedingungen in Schierke ist bei letzterer Gelegenheit das des Westfalen Joh. Christoph Fuchs, der dort von 1758 bis 1772 als Pastor gelebt und gewirkt hatte. Am 20. Juli 1773 schreibt er, die Wiesen seien hier die vorzüglichsten und einträglichsten in der Grafschaft. „Ich kann auch," fährt er fort, „an meinem Teil nicht sagen, daß ich in Schierke mehr Kälte als im Lande empfunden, da ich gegenteils die kalten Winde unten viel empfindlicher und heftiger gespürt, als in Schierke. Die reine Luft in der Höhe und das vortreffliche Wasser, welches im Lande seines Gleichen nicht hat, ist das beste Mittel wider hypochondrische Zufälle."

Wenn in der Mitte des vorigen Jahrhunderts Jak. Heinr. Delius bei seinen kürzeren Mitteilungen über Schierke sagt: Die Einwohner sind fruchtbar, so dürfte das durch die von uns hervorgehobene Dauerbarkeit der dortigen Urfamilien und ihre Mehrung und Verzweignug bestätigt werden. Für die Beantwortung der Gesundheitsfrage ist eine genaue Prüfung der Kirchenbücher von großer Wichtigkeit, doch müssen, wie überall, die starren Zahlen vorsichtig geprüft und gewogen werden. Daß durchgängig mehr Knaben als Mädchen geboren wurden, ist ja eine allgemeine Beobachtung, aber sie ist uns bei der Prüfung des Kirchenbuchs von 1691—1788 besonders zum Bewußtsein gekommen. In etlichen Jahren findet sich in diesem Zeitabschnitt eine große Sterblichkeit, so 1728 neunzehn Todesfälle bei neun Geburten, 1741 vierundzwanzig bei acht Geburten. Im Jahre 1742 starben vierzehn Personen und es wurden ebensoviele geboren. 1756 standen wieder achtzehn Todesfälle zwölf Geburten gegenüber, 1773 achtzehn Todesfälle acht Geburten; 1785 und 1786 sind der ersteren zwanzig und vierzehn, der letzteren vierzehn und sechzehn.

Die zeitweise größere Sterblichkeit traf gewöhnlich die kleinen Kinder. Die nach der Bezeichnung nicht immer bestimmt zu erkennenden Todesursachen sind Blattern, hitziges Fieber, Jammer, brechender Jammer, Dampf und Schwulst, ersteres jedenfalls Engbrüstigkeit. Auch verzehrende Krankheit wird mehrfach erwähnt.

Solcher stärkeren Sterblichkeit gegenüber gab es aber auch Zeiten, wo im ganzen Jahre das

Totenglöckchen nicht läutete, wie 1697, wo doch sechs, 1694 wo vier, 1703, wo wieder sechs Kinder geboren wurden. In den Jahren 1702 und 1707 zählte man nur je einen Todesfall gegenüber sieben und zwölf Geburten; 1704 und 1709 war die Jahresziffer der Verstorbenen nur je zwei, der Geborenen acht und zwölf. Wiederholt finden wir auch Lebensalter bis zu 88 und 89 Jahren. Unter Berücksichtigung der aus dem Kirchenbuch erhobenen Thatsachen sind daher die von U. C. Hopstock ums Jahr 1785 auf Grund damaliger Beobachtung gemachten Angaben aufzunehmen, die Einwohner von Schierke seien sehr abgehärtet und würden alte Leute, auch wisse man daselbst nichts von ansteckenden Krankheiten. Wenn er daneben bemerkt, sie seien mit ihrem Schöpfer sehr zufrieden, wenn sie nur Arbeit hätten, so mochten dazu in gleicher Weise die günstigen Naturbedingungen wie der Segen des Fleißes und der Arbeit zusammen wirken.

Der Gesundheitszustand ist aber keineswegs bloß durch das Klima, sondern auch sehr durch die Ernährung und die Lebensweise bedingt. Wie sehr bestimmte Krankheitserscheinungen von besondern Umständen abhängen, davon liefert Schierke einen merkwürdigen Beweis in den Kröpfen, die früher hier so verbreitet waren, daß man sie als eine fast unvermeidliche Eigentümlichkeit des Ortes ansah. Sie sind jetzt ganz verschwunden. Ueber den wahrscheinlichen Entstehungsgrund der zu seiner Zeit bei den Frauen fast durchgehends herrschenden „dicken Hälse" äußert sich U. C. Hopstock, sie kämen daher, „weil die mehrsten den ganzen

Sommer sich mit Kohlentragen beschäftigen und solche in großen Körben oft Stunden Weges aus denjenigen Gebirgen heraustragen müssen, wo auf keine Weise Fuhrwerk hinkommen kann. Und weil sie nun mit einer solchen Last auf dem Rücken von einer Klippe auf die andere springen müssen, so glaubt man gewiß, daß die Kröpfe hiernach entstehen."

Gar nicht selten wurden auch Schierker Einwohner, meist in den besten Mannesjahren, ein Opfer ihres Berufs als Wald- und Hüttenarbeiter und zwar mehr bei dem ersteren, als bei dem letzteren. Ums Jahr 1740 finden wir auch wohl erwähnt, daß eine Frau elendiglich im Brockenbette umkam, vermutlich in dem dortigen tiefen Moore.

Da die der Gesundheit förderlichen Eigenschaften einer Oertlichkeit sich unmittelbar an dem körperlichen Befinden des Menschen offenbaren, so kann diesem dabei zwar längere Zeit die rechte Einsicht fehlen, aber der Beobachtung und Erfahrung selbst kann er sich nicht entziehen. Anders verhält sich's mit der Empfänglichkeit und mit dem Verständnis für die Schönheit einer Gegend; das letztere entwickelt sich erst auf einer höheren Stufe der Geisteskultur, daher sich denn naturgemäß in den höheren, feiner gebildeten Gesellschaftskreisen dieser Schönheitssinn früher offenbart, als in den niederen. Wir möchten es deshalb nicht eben verreden, daß der Lust an dem männlichen Jagdspiel nicht auch ein Gefühl für die erhabene Schönheit der Natur mit ihrem Berg und Thal, Wald und Gewässer, beigemischt gewesen wäre, wenn die erlauchten Häupter des Reichs in den Thälern und auf den Höhen hinter

dem Brocken weilten und jagten. Weiß doch ein
Chronist des 11. Jahrhunderts von der besonderen
Vorliebe eines Heinrichs IV. für die Höhen am
Harze zu sagen, die er mit Burgen krönte. Be-
deutend weiter entwickelt war bei fortgeschrittenem
litterarischen und Kulturleben der Sinn für die
Schönheit, freilich zunächst mehr noch für das
Auffallende in der Natur, am Ende des 16. Jahr-
hunderts, als die Lustreisen schon eine bedeutende
Ausdehnung gewonnen hatten und auch die Merk-
würdigkeiten unseres Harzes, Brocken, Baumanns-
höhle und andere Stellen von Wanderlustigen und
Wißbegierigen aufgesucht wurden. Damals war
es, wie wir schon sahen, daß ein Herzog Heinrich
Julius von Braunschweig die Jagdgründe bei
Schierke, um der Weidmannslust zu genießen, in
Pacht nahm. Wieder ein Jahrhundert später bieten
die Schierker Rechnungen ein unscheinbares und
doch bedeutsames Zeugnis für eine gelegentliche
Rast der erlauchten gräflichen Grundherrn von
Schierke in dessen unmittelbarer Nachbarschaft.
Im Jahre 1698 werden kleine Ausgaben für
Hespen und „Unewurf" an „gnädiger Herr-
schaft Köthe auf dem Uhrensklint" gemacht. Es
handelte sich dabei offenbar um eine zunächst der
Jagd dienende Schutzhütte. Einen ausgesprochenen
Zweck als Lustaufenthalt oder zur Rast bei Ver-
gnügungsreisen hatten dann die im Jahre 1744 auf
dem ehemaligen Kleinen Brocken, von da ab Heinrichs-
höhe, im Schierker Revier errichteten Häuser für die
Herrschaft und für andere Harz- und Brockenreisende.

Schierke selbst wurde damals freilich als Reiseziel
für Naturfreunde noch kaum beachtet. Erst in der

Geniezeit, in der zweiten Hälfte des vorigen Jahrhunderts, tritt auch dieses in den Kreis eines idealeren Interesses. Wenn wir hierbei an Schröders Abhandlung vom Brocken (Vorrede 1784) erinnern, so können wir den Verfasser freilich nicht zu den Poeten zählen, aber wie seine ganze Abhandlung von einer enthusiastischen Begeisterung getragen ist, so gedenkt er auch des Schierker Thals in diesem Sinne als eines bevorzugten Stücks dieses „alpinischen Gebürges", als welches ihm der um den Brocken gelagerte Teil des Harzes erscheint. Bei Schierke preist er auch die in dem dunkel scheinenden Wasser der Bode mit ihren Kulken reichlich vorhandenen, von außen dunkeln Forellen mit ihrem schmackhaften weißen Fleische. Sonst redet er nach alter Weise nur von der Wildheit des Schierker Felsenthals.[1]

Wenn schon bei Schröder hier mit dem Natur- und Schönheitssinn eine zarte Rücksicht auf Gaumen und Magen verknüpft ist, so tritt diese innige Verbindung bei einem andern gleichzeitigen Sohne der Grafschaft Wernigerode, dem mehrerwähnten U. C. Hopstock noch kräftiger und derber hervor: „Die Bude", sagt er in seiner Abhandlung über Schierke, „besteht aus schönem Quellwasser, welches „in Fluß" als der älteste Franzbranntwein anzusehen ist, und weil es durch lauter Klippen seinen Gang nehmen muß, schäumt es dadurch so weiß als Gose." Wie Schröder preist er dann die hiesigen Forellen als die schönsten, schwärzesten und wohlschmeckendsten. Da es keine großen gebe, so würden sie schockweise verkauft.

---

[1] Das. S. 239.

Dann redet er aber wieder von der Schönheit des gleich bei Schierke beginnenden, von der Bode durchflossenen Elendsthals, das manchen Reisenden in Verwunderung bringe. Man finde hier eben so schöne und in manchem Betracht noch bessere Gegenstände an, als im Ilsethal über Ilsenburg.

Die Ahrensklinter Klippen.

Seine Bemerkungen über die Hohneklippen und den Uhrensklint teilen wir wörtlich mit; "Die Hohneklippen und Uhrensklint, ein Gebürge, welches eine halbe Stunde von Schierke nach Ilsenburg und Wernigerode zu liegt, verdient sehr mit angemerkt zu werden, und ich glaube mich nicht zu irren, daß, wenn man auf unserm Garten — Garten und Haus der „Akademie der schönen Wissenschaften" in Braunschweig sind gemeint — eine solche überaus angenehme Aussicht und Ueberschauung eines so weit um sich liegenden Kreises mit so mancherlei Abwechselungen mit einem Blick übersehen könnte, derselbe noch zehnfach mehr Reiz haben würde, daß, wenn die Gesellschaft der schönen Wissenschaften bei angenehmen Sommertagen auf dem Garten geschlafen, gewiß zuweilen in der Frühe einen Spaziergang auf die Zinne dieses angenehmen Klippenberges vornehmen und daselbst ihren Coffee im Angesicht der majestätisch aufgehenden Sonne, die hier einen so prachtvollen Anblick darbietet, mit heiterer Zufriedenheit verzehren, welches dann besonders für die lieben Kleinen ein Vergnügen sein würde, weil hier die schönsten Heidel- und Himbeeren in sehr großer Menge wachsen".

Er vergleicht diese Aussicht mit der vom Brocken. Mit einem Fernrohr könne man auch von hier Braunschweig sehen. Neben den Tannen erwähnt er auch mancherlei sonstiges Holz und gedenkt der schönen Prospekte, die das ganze Fels- und Waldgebiet von Schierke darbiete.

Daneben kommt er nun aber auch wieder auf das Materielle. Seine Bemerkungen über den Schierker Gartenbau zu damaliger Zeit verdienen wohl auch hier wiedergegeben zu werden. „Wegen des zu kurzen Sommers", sagt er, „wird hier die Zeit zum Gartenbau sehr in Obacht genommen, um geschwind mit dessen Bestellung fertig zu werden. Es wird hier alles gewöhnliche Gemüse, besonders schöne Kartoffeln, recht krauser brauner Kohl, weißer

Hohnekopf und Leistenklippe.

Kohl, der den Windelsteinschen[1] übertrifft, schöne
Rüben, Mohrrüben, Vicebohnen, Gurken, und
besonders recht starker Spargel, so sehr milde und
wohlschmeckend ist, in gleichen Blumen- und
Savoyerkohl gebaut. Weil der Spargel gewöhnlich
daselbst erst ankömmt, wenn im Lande fast keiner
mehr ist, so muß oft davon an die herrschaftliche
Küche nach Wernigerode welcher gesandt werden.
Der Herr Faktor Würzbach und Hüttenschreiber
Hopstock wetteifern besonders darauf, wer es dem
andern zuvorthun kann, das beste in seinem Garten
zu haben. Ebenso verhält es sich auch mit den
sauren Kirschen, welche daselbst bei guten Herbsten
recht gut und dick werden. Auch von diesen werden
Präsente an die herrschaftliche Küche gebracht, weil
wegen der späten Jahreszeit alsdann im Lande
nichts mehr von Kirschen vorhanden ist. Die
mehrsten Gärten liegen voller Klippen. Ueber solche
wird das Erdreich hergeschüttet und allerlei Kraut-
gewächse darauf gepflanzt, worauf insbesondere die
Gurken recht wohl gedeihen." Noch hebt Hopstock
den Reichtum an „Crons="(Preißel-)beeren, Erd-
beeren, Himbeeren und Heidelbeeren hervor, woran
sowohl einheimische als fremde Leute sich manchen
Taglohn verdienen, endlich die im Sommer vorzügliche Butter, welche man den vortrefflichen
kräuterreichen Bergweiden verdanke. Jedes Stück
Rind hat eine Glocke am Halse, damit, wenn es

---

[1] Ueber den Windelsteinschen oder Windelstädter Kopfkohl,
Brassica alba pyramidalis, engl. sugarloaf cabbage,
s. Krünitz' Encyklop. 42. Th., S. 385, 456 Anm. und 457
Anm., doch ist nicht gesagt, nach welchem Windel- oder
Wendelstein biese Kohlart genannt ist.

einmal an einer Klippe abstürzt, der Hirt es finden
könne. Da diese Glocken von ganz verschiedenen
Größen, aber harmonisch genau abgestimmt seien,
so erzeuge dies in den Bergen ein nicht unangenehmes
Getöne, wenn man eine solche Herde von einigen
hundert Stück daher ziehen höre, „zumal wenn man
verschiedene Echo vor sich hat, deren es auch sehr
viel in diesen Gebirgen giebt."

Der erste, dem sich Schierkes erhabene Natur-
schönheit mit tiefem Empfinden offenbarte, war kein
anderer, als der Dichter des Faust. Wohl schwebt
ihm, wenn er den Faust durch seinen unheimlichen
Gefährten in der Walpurgisnacht über Elend und
Schierke auf den Brocken entführen läßt, die Gegend
mit ihren eigentümlichen verwitterten dunklen
Klippengebilden, mit den „langen Felsennasen, die
da schnarchen, die da blasen", als ein unheimlich
nächtiges Bild vor der Seele. Und er weiß wohl,
daß bei dem von ihm so sehr gefeierten Brocken
— oberflächlich gesagt — „kahler Berg und feuchtes
Thal" die ganze Szene bildet. Aber dabei ziehen
ihn doch jene klippigen, feuchten Waldthäler, Hoch-
flächen und Höhen mit unwiderstehlicher Gewalt
immer wieder an. Bei der sorgfältigen Beobachtung
des Brockengranits, „des ältesten, festesten, uner-
schütterlichsten Sohnes der Natur", wird er zu einer
vergleichenden Beobachtung „des jüngsten, beweg-
lichsten, erschütterlichsten Teils der Schöpfung, des
menschlichen Herzens", angeregt.[1]

---

[1] Vergl. Friedrich Pleſſing und Göthes Harzreiſe im
Winter in den Blättern für Handel, Gewerbe und ſoziales
Leben. Magdeburg 1887, S. 266.

Als der große Dichter am 1. Dezember 1777 auf seiner ersten Harzreise das Gebirge querte, berührte er Schierke nicht unmittelbar, aber die Eindrücke, welche der dunkle Bergwald und die ganze Gebirgsnatur der unmittelbar benachbarten Höhen auf ihn machten, hat er in seiner „Harzreise im Winter" nebst den ergänzenden brieflichen Erklärungen bestimmt wiedergegeben. Bei der Fortsetzung dieser Reise kam er, als er vom Torshause aus im tiefen Schnee den Brocken erstieg, Schierke noch näher. Und als er dann in den Jahren 1783 und 1784 den Harz ein zweites und drittes Mal bereiste, da sah er auch den damaligen Hüttenort selbst in den bunten Farben des Herbstes, und hier war es besonders, wo er, da im Granit des Gebirgsthals, „der höchsten und tiefsten Grundfeste der Erde", die „innern anziehenden und bewegenden Kräfte der Erde gleichsam unmittelbar auf ihn wirkten", zu höheren Betrachtungen hinaufgestimmt wurde. „Ich sehe ihre" — der Felsen — „verworrene Masse von verworrenen Rissen durchschnitten, hier gerade, dort gehoben in die Höhe stehen, bald scharf über einander gebaut, bald in unförmlichen Klumpen wie übereinander geworfen, und fast möchte ich bei dem ersten Anblick ausrufen: Hier ist nichts in seiner ersten Lage, hier ist alles Trümmer, Unordnung und Zerstörung!"[1]

Der ernste naturphilosophisch-wissenschaftliche Geist ist hier mit der inneren dichterischen Anschauung verwoben. Der Dichter beschränkt sich aber nicht auf die Betrachtung des starren Felsens, sondern

---

[1] A. a. O., S. 274.

das denselben umklammernde Moos, die Blume
des Bergwalds, der mit hellem Gischt von Fels
zu Fels herabstürzende Gebirgsbach wird in seiner
Anschauung zu einem hehren Naturbilde verwoben:

Durch die Steine, durch die Rasen
Eilet Bach und Bächlein nieder;
Hör ich Rauschen? hör ich Lieder?
Hör ich holde Liebesklage?
Stimmen jener Himmelstage?
Was wir hoffen, was wir lieben
Und das Echo, wie die Sage
Alter Zeiten, hallet wieder.

Durch das Labyrinth dieser Thäler hinzuschleichen, die Felsen zu erklimmen, von denen das nimmermüde Gebirgswasser rauschend herabstürzt, ist des Wanderers Lust, die seine Mühe lohnt und würzt. Allerdings, das Granitgestein des Schierker Thals und der benachbarten Höhen nimmt des Dichters Interesse in ganz besonderem Maße in Anspruch. War doch unter den Zeichnungen in Großfolio, die der Dichter sich durch seinen geschickten Landsmann, den Maler Kraus, aus den Granitgebieten des Harzes anfertigen ließ, allein der Ahrensklint mit vier Blättern vertreten. Dazu kam ein Blatt auf eine der Schnarcherklippen, „einen der schönen Granitfelsen, die auf dem Barenberge bei Schirke stehen", endlich der Wernigeröder Feuerstein oder die Feuersteinsklippen östlich bei Schierke.

Nochmals ist es, wie bei Pastor Fuchs, ein Geistlicher, der sinnige Franke G. W. H. Keßler, des Pastor Fuchs zweiter Nachfolger, dem das Schierker Felsenthal mit seiner großartigen von der Natur verliehenen Ausstattung das Herz abgewann und der hier seit Mitte April 1791, also zur Zeit der französischen Revolution, ein Jahr stillen glücklichen Friedens genoß. Durch ihn hören wir zuerst den Preis des Pfarrthälchens in vollen Tönen gesungen:

Feuersteinklippen.

„Hinter dem Pastorate," sagt er in eigenhändigen Aufzeichnungen, „liegt das schönste Fleckchen auf Gottes Erdboden, das Pastorthälchen" — so nennt er es — „eine kleine mit schroffen Felsen rings eingeschlossene, von einem Bächlein durchschlängelte Wiese, mein Lieblingsaufenthalt. Es war mir einige Mal da ungemein heiter und wohl ums Herz, ich fühlte eigentlich Gesundheit und Freude."[1]

Keßler redet hier lediglich aus eigener an seinem Gemüte gemachten Erfahrung. Seitdem nun aber Göthe einmal das Auge für die Schönheit der Felsgebilde des Schierker Thals geöffnet und auf dieses selbst in seiner größten dichterischen Schöpfung hingewiesen hatte, wurde auch in weiteren, wenigstens litterarischen Kreisen, der Blick dafür geschärft. Wir lesen in dem Entwurf einer keineswegs poetischen Beschreibung der Grafschaft Wernigerode vom September 1818 bei Schierke die Bemerkung: „Der einzige Ort im Brockengebirge, dessen Umgebungen höchst romantischer Art sind!" Dabei wird dann noch an die Feuersteinsklippen, Schnarcher u. a. erinnert.[2]

9. Das neue Schierke.

Als über den Landen, auf welche der alte Brocken weithin herabschaut, das neue deutsche Reich sich erhob, da war es in dem Brockendorf Schierke sehr still geworden. Das Hämmern und Pochen der Hüttenwerke hatte seit Jahren aufgehört; schon etwas früher war nach kürzerem Bestande die

---

[1] Beilage zu Stück 40 des Wernigeröber Intelligenz-Blattes 1832 S. 3.
[2] Handschrift in herrschaftl. Privatakten.

benachbarte Glashütte wieder eingegangen. Bei der hohen Königstanne am Königsberge waren die letzten Erinnerungen an die Torfstiche, die über ein Jahrhundert lang wenigstens zeitweise viele Hände beschäftigt hatten, mit den Torfschuppen beseitigt. Mit dem Schluß des Jahres 1871 sollte auch der Betrieb der Sägemühle, mit der vor drei Jahrhunderten Schierkes Name zuerst erklungen war, eingestellt werden. Selbst die Köhlerei, die hier in ein unerforschtes Alter zurückreichte und die mit dem waldigen Gebirgsthal unauflöslich verbunden schien, ging ihrem völligen Erliegen entgegen und immer weniger wurden der knisternden Meiler mit ihrem blauen Rauch.

Wie sonst auf der Erde, sollte aber auch hier an der Stelle des ersterbenden Alten ein Neues entstehen, dessen Vorbedingungen schon gegeben waren. Wir haben sie in den letzten Abschnitten kennen gelernt: es waren die immer mehr erleichterten Verbindungswege mit dem abgelegenen Thal, der immer mehr entwickelte Sinn für die Schönheit desselben und nicht zuletzt das immer dringlicher werdende Bedürfnis, sich aus dem Geist und Körper abmattenden Getriebe des gesteigerten neuesten Gewerbfleißes mit seinem Dampf und Rauch an eine friedliche Stätte mit stärkendem Fichtennadelduft, reiner Höhenluft und klarem Gebirgswasser zurückzuziehen, wenigstens in der trockenen und heißen Sommerzeit.

Nicht sobald begann der Aufbau des neuen Schierke, als die Bedingungen dazu schon vorhanden waren. Vorläufig dauerte die in den vierziger Jahren begonnene Abnahme der Bevölkerung in den fünfziger, sechziger und siebenziger Jahre des

Jahrhunderts fort. Ein immer zunehmender Zuzug von Sommergästen, und zwar nicht nur von vorbeieilenden Brockenwanderern, sondern auch von solchen, die sich auf kürzere oder längere Frist hier oben aufhalten wollten, machte sich besonders seit Eröffnung der Hagenstraße bemerkbar und der unternehmende Brockenwirt Herr G. Schwanecke hielt seit 1874 auch die Schierker Station der großen Harzwandererstraße nach dem Brocken besetzt. Vorläufig fehlte aber für die hierhin pilgernden, Erquickung suchenden ermatteten Söhne der großen Städte für ihre Rast das geeignete geräumige Zelt.

Daß ein wetteifernder Unternehmungsgeist sich dieses Bedürfnis nicht sofort zu nutze machte, lag daran, daß Grund und Boden hier an keiner Stelle zu erkaufen war. Wie wir schon sahen, gehörte derselbe den alten Herren der schönen Brockenlandschaft, den Grafen zu Stolberg. Alle Einwohner hatten Grund und Boden für ihre Häuser, Wiesen und Gärten nur meiereiweise als Wirte oder Pächter gegen Laßzins inne und eine Familiensatzung des Hauses Stolberg-Wernigerode hat dies Rechtsverhältnis erst im Jahre 1876 neu geordnet.

Wollte sich nun jemand in Schierke anbauen, so mußte er sich den Grundraum dazu von dem erlauchten Grundherrn erpachten. Und da eine solche Pacht in jedem Falle auf Grund eines besonderen Pachtvertrags erfolgt, so ist der Pächter auch an die hierbei vereinbarten Bedingungen gebunden. Ohne Zweifel liegt hierin eine gewisse Beschränkung des freien Wettbewerbs. Aber wenn dadurch der Anbau des neuen Kurorts sich etwas verzögerte, so ist doch diese Fessel mit so augenfälligen

Vorteilen und segensreichen Folgen für die Entwickelung desselben verknüpft, daß ein jeder sie in der neugeschaffenen, ganz eigenartigen Erscheinung klar vor sich sieht. Da nämlich der Grundherr einen so wesentlichen Einfluß auf die neuen Unternehmungen hat, so vermag er dieselben nach einem einheitlichen, zweckmäßigen und idealen Gesichtspunkte zu leiten, so daß dabei das Allgemeine wie der Einzelne zu seinem Rechte kommt.

So erfolgen denn die neuen Anlagen alle nach einem wohl erwogenen Bebauungsplan der ausgemessenen und in eine gewisse Zahl von Losen abgeteilten Grundfläche. Jeder Bau eines Hauses mit seinen Nebengebäuden und Stallungen, selbst jede Aufstellung von Buden und Verkaufshallen erfolgt mit höchster Genehmigung der vorher an die fürstliche Kammer einzureichenden Zeichnungen und Anschläge. Es wird darauf gesehen, daß alle diese Bauten, die großen wie die kleinen, in einem künstlerischen, der Natur der Gegend entsprechenden Stile ausgeführt werden. Auch darauf wird thunlichst Rücksicht genommen, daß durch einen beabsichtigten Neubau dem Nachbarn die Aussicht nicht gehindert werde. Die Reinlichkeit und Sauberkeit im Einzelnen wird nicht minder befördert und daher für die geeignete Abfuhr von Abgängen beispielsweise beim Fleischereibetriebe Sorge getragen. Bei Meldungen zur Errichtung von Verkaufshallen wird geprüft, ob das Bedürfnis nicht bereits durch vorhandene gedeckt ist, damit nicht einer dem andern durch zu starken Wettbewerb die Bedingungen für den nötigen Unterhalt abschneide. Daß die überall waltende Ordnung auch auf eine den Gästen zu Gute kommende Führung des Betriebes der Gasthöfe vorteilhaft einwirkt, ist naturgemäß. Mit dieser einheitlichen Leitung steht auch die schnell erreichte Durchführung einer Wasserleitung im Zusammenhang, die gegen mäßige Entschädigung die Bewohner mit dem reinsten Trinkwasser versorgt.

Aber noch ehe sich auf so eigenartiger fester Grundlage hier ein neues Schierke anbaute, machte dieselbe wohlthuende Hand des erlauchten Grundherrn, welche Schierke die schöne und bequeme neue Zufuhrstraße mit Wernigerode dargeboten hatte, dem Orte, zunächst der evangelischen Gemeinde, ein Geschenk, das als der feste und edle Grundstein für alle zukünftigen Bauten anzusehen ist: mit der in den Jahren 1876 bis 1881 mit einem Kostenaufwande von 78,000 bis 79,000 Mark gebauten neuen Kirche. Wohl hatte das alte kunstlose Gotteshaus neunzehn Jahrzehnte lang der Erbauung und geistlichen Pflege der Gemeinde eine willkommene Stätte dargeboten, aber der allgemeinen Hebung der Haus- Kirchen- und Straßenbauten im Lande gegenüber erschien es doch wünschenswert und dem erhabenen Zwecke entsprechend, daß der versteckte alte Fachwerksbau durch ein festes, weithin sichtbares, betürmtes Gotteshaus ersetzt werde. So war es denn etwas für Herz und Gemüt wie für den Schönheitssinn hoch erfreuliches, daß sich nun auf Bergeshöhe, den langgestreckten Ort überragend, in dem für die massigen Gebirgsformen ganz angemessenen gothischen Stile eine schmucke aus dem Granit des Bodens aufgeführte Kirche mit schlankem spitzem Turme erhob, deren Ausführung dem Bau- und Kammerat E. Messow übertragen war. Fast die ganze innere Ausstattung, das vom Kunstbildhauer Gustav Kuntzsch in Wernigerode geschnitzte Crucifix auf dem Altar, die Kanzel, der hölzerne Taufständer, die von Reupke und Sohn in Hausneindorf nach eigenem System gebaute Orgel (3283 Mk.), die von dem

Die Kirche in Schierke.

Mechaniker Fuchs in Bernburg gefertigte Uhr (1050 Mk.) sind neu. Der Altar aus rotem Granit ist von dem später nach Wernigerode übergesiedelten Steinhauermeister Wilhelm Wenzel gemeißelt. Eine besondere Erwähnung verdient der bei der inneren Einrichtung der Kirche aus

der Ilsenburger Faktorei übewiesene Renaissance-
Ofen mit gegossenen Platten und ebenfalls gegossenen
Medaillon-Köpfen. Er zeigt auf der Vorderseite
oben eine Darstellung aus der Geschichte vom
verlorenen Sohn. Die Ueberschrift lautet:
EIN MENSCH HATT ZWEN SON. VND DER
IVNGST VNDER INEN SPRACH ZV DEM
VATER GIB MIR VATER DAS THEIL
DER GVTER DAS MIR GEHÖRET.

Unterschrift:
VOM VERLOREN SOHNE LVCE 15.

Der Gegenstand einer Platte, ebenfalls an der
Vorderseite, unten, kehrt, wie der vorige, öfter bei
Gußofenplatten vom 16.—18. Jahrhundert wieder.
Vergl. Festschrift zur 25. Hauptversammlung des
Harzvereins f. Gesch. u. Altertumsk. 1892. Tafel
VI. 3 und Text 96: ein von Rossen mit Pracht-
schabraken gezogener Thronwagen, auf welchem das
Königspaar sitzt. Die Gerechtigkeit mit Wage
und Schwert lenkt die Rosse. Auf den Pracht-
decken der Pferde Krone und Herrscherstab, im
Hintergrunde ein Hochgericht vor einer mit Mauern
und Türmen wohl bewehrten Stadt. Auf den
bewaldeten Höhen tummelt sich jagdbares Wild.

Unter dem Bilde:
KVNNIGLICHER MAIESTET REGIERVNG.
ZV SCHVTZEN DIE FROMEN VND ZV
STRAFFEN DIE BOSEN. ANNO 1616.

Auf der einen Schmalseite über der Ofenthür:
Die Anbetung der Weisen. Unterschrift:
DIE WEISEN AVS MORGENLAND FANDEN
DAS KINDLEIN.

Vnd sie deden ire schaße auf vnd schenckten im golt wyrauch vndt myren. Mates 2. Auf der andern Schmalseite: Bild eines Ritters ohne Helm. Darunter eine Darstellung aus dem Leben Josephs mit der Unterschrift:

GENESIS 39. ANNO 1578.

Vergl. Festschrift des Harzver. u. s. f. Taf. I. fig. 3.

Das eine von den Bildern der der Wand zugekehrten Seite scheint a. a. O. Taf. IV fig. 2 (Belagerung von Bethulien) zu sein, aber es konnte nicht mit Bestimmtheit festgestellt werden[1])

Da sich an dem Ofen Platten aus verschiedener Zeit finden, so bleibt dessen Alter noch genauer zu bestimmen.

So wurde denn das neue Schierke gewissermaßen von oben her erbaut, und der 17. Juli 1881, der fünfte Sonntag nach Trinitatis, an welchem zur Zeit des Pastors Kludhuhn das schöne Gotteshaus feierlich eingeweiht wurde, war in der Geschichte des Brockendorfs ein wichtiger Tag. Trotzdem nun aber damals für den Ausbau eines neuen Kurorts alles vorbereitet war, dauerte es doch noch ein volles Jahrfünft, bis diese Bauten begannen, um dann bis heute Jahr für Jahr ohne Unterbrechung weiter gefördert zu werden.

Es ist bezeichnend, daß auch der Reigen dieser Bauten nicht mit einem Gasthofe, sondern mit einem in feinem Naturgefühl ausgesuchten sömmerlichen Ruhesitze eines Fräuleins Reisland aus Leipzig eröffnet wurde. Das schön gelegene Los der

---

[1]) Die Beschreibung des Ofens meist nach gütiger Mitteilung des Herrn Pastor J. König in Schierke.

Schierker Gemarkung lag unfern des obengenannten Pfarrthälchens an der Hagenstraße unter den Feuersteinen. Nach einem am 8. Februar 1886 genehmigten Plane wurde im Juni d. J. der Bau begonnen und das Haus anfangs Juli des nächsten Jahres bezogen. Im folgenden Jahre, 1888, ersah sich Herr Oberstleutnant Schumann, früher Ingenieur-Offizier, dann der militärisch-technische Leiter des Grusonwerks in Magdeburg-Buckau, eine Stelle zum Bau einer größeren Hausanlage mit einem Grundraume von 150 Quadratmeter. Er wollte ein schloßartiges Gebäude mit massiv-granitenem Sockel und Erdgeschoß, auch ein Hofgebäude mit massivem Erdgeschoß, außerdem einen malerischen Waldpfad und eine Röhrenleitung anlegen. Noch fehlte mancherlei, besonders Thüren und Fenster, an dem stattlichen Werke, als der geistvolle Erbauer am 5. September 1889 mit Tode abging. Nach vergeblichen Versuchen der Erben den unvollendeten Bau anderweitig anzubringen, fanden sich die Gebrüder Niewerth, der Architekt Ernst und dessen Bruder Theodor, bereit, denselben anzukaufen, worauf sie denn mit Genehmigung fürstlicher Kammer vom 24. Januar 1890 in den Pachtvertrag bezüglich dieses Besitztums eintraten. Das für Privatzwecke gebaute Haus wurde nun als ein Gasthaus in großem Stile ausgeführt und erhielt die seiner äußeren Erscheinung entsprechende Benennung Burghôtel. Auf Herrn Th. Niewerths Gesuch wurde bereits zu Ende des Jahres 1891 der Pächter des Kurhauses in Braunlage, Emil Nickel, an seiner Stelle als Pächter aufgenommen. Nach Ableben desselben wurde von der Witwe über dem Stammgebäude im Jahre 1895/96 ein Nebenbau aufgeführt, der, dieses überragend, neben einem stattlichen Lesezimmer eine Anzahl einzelner Wohnungen und Zimmer mit sorgfältigster Ausstattung und unvergleichlich schöner Aussicht schuf. Mittlerweile hatte auch schon der Bau eines weiteren großen Gasthofs begonnen. Im Herbst des Jahres 1889 suchte der Bauunternehmer Karl Michaelis für sich und seinen Sohn Adolf um die Erpachtung eines Wiesenstücks oberhalb der früheren Sägemühle an der Bode zur Errichtung einer Pension und Gastwirtschaft nach. Diesem Gesuch wurde willfahrt und dem an der erpachteten Stelle errichteten Hotel der Name Brocken-Scheideck beigelegt. Nur ein par Monate nach dem mit dem Grusonwerk aufs engste verbundenen Oberstleutnant Schumann, am 17. Oktober 1889, ersah sich der Besitzer dieses großen Eisengußwerks, Herr Geh. Kommerzienrat Gruson selbst, in dem an der alten von Wernigerode nach Schierke führenden Straße gelegenen Hopstockplatze eine Stelle für den Bau eines sommerlichen Lust- und Erholungshauses. Zu Ende des Jahres wurde demselben eine Fläche von 105 Ar auf achtzehn Jahre in Pacht gegeben und im nächsten Jahre der Bau vorgenommen.

Weit übertroffen wurden die bisherigen Bauten an Umfang durch ein Unternehmen, an dessen Spitze Herr Otto Preuße, ursprünglich Architekt und Zimmermeister in Magdeburg, stand. Es handelte sich dabei um ein großes, den Anforderungen eines neueren Kurorts entsprechendes Hôtel. Für die Eröffnung des Verkehrs wurde der Bau am 14. Mai 1893 fertiggestellt, aber im nächsten

Jahre war ein bedeutender Ergänzungsbau vorzunehmen, so daß die umfangreiche mit der vollen Ausstattung eines Kurhôtels versehene Anlage dem stolzen Namen „Fürstenhöh" entsprechend erschien.

Der zahlreiche Besuch des bald sehr geschätzten Luftkurorts führte, auch abgesehen von den sich mehrenden und erweiternden Gasthöfen, zu verschiedenen andern Anlagen zum Wohl und zur Unnehmlichkeit der teils durchziehenden, teils hier auf einige Zeit weilenden Sommergäste. Der allgemeinen Wasserleitung, an welche sich auch die alten Bewohner einer nach dem andern anschlossen, wurde bereits gedacht. Im vergangenen Jahre errichtete Herr Dr. med. Haug über der Bode eine stattliche Heilanstalt mit Badeeinrichtung, die schon in der kurzen Zeit seit ihrer Eröffnung erfreuliche Erfolge zu verzeichnen hat. Nicht als eigentlichen Gasthof erbaute sich Herr C. Fuhrmann, bisher Werkführer eines neuen gewerblichen Unternehmens bei Schierke, des ansehnlichen, eine größere Zahl von Leuten beschäftigenden Granitbruchs der Gebrüder Schönfeld aus Blankenburg in der Schluft, erst eine Wohnung, dann ein Logirhaus oberhalb Brocken-Scheideck, gegenüber der Abzweigung der alten und neuen Brockenstraße. Der letztgenannte Gasthof eröffnete eine Halle für den Verkauf von Speisen und Getränken.

Daneben wurden bei der Fürstenhöhe und Brocken-Scheideck Buden und Hallen zum Verkauf von Harzandenken, für Lichtbildnerei und eine Abzweigung der Oberharzer Wurstfabrik in Braunlage für Wurst und feinere Fleischwaren eröffnet, auch eine Verkaufsstelle für Kolonialwaren und Mineralwasser. Ein zweiter Bäcker zog 1894 ebenfalls ein.

Wie aber nicht mit Gasthäusern und geschäftlichen Unternehmungen, sondern mit dem Bau der neuen Kirche, dann mit einem Privathause das neue Schierke eröffnet war, so fuhren auch weiterhin kunst- und natursinnige Private fort, sich hier ein gesundes Sommerheim einzurichten. Es mag darunter wenigstens das für die Geschichte Schierkes bemerkenswerte Unternehmen des Architekten Herrn R. Hantelmann in Hannover erwähnt werden, der damit beschäftigt ist, die eine Zeit lang als Bauschuppen benutzte alte Dorfkirche samt dem vereinzelt daneben und darüber stehenden Glockenturme in kirchlich gehaltenem Stile als eigenartig schönen sommerlichen Erholungswohnsitz auszubauen.

Wir sind bisher an dem ältesten Gasthause vorbeigegangen, an dessen Entwickelung wir den großen Wandel, der sich beim Ausbau des ehemaligen Wald- und Hüttendorfs zu einem Kurort vollzogen hat, mehr als bei irgend einem andern Gebäude verfolgen können: es ist der alte Krug, die ehemalige gräfliche Schenke, deren Anfänge mit der Entstehung des Ortes im 17. Jahrhundert zusammenfallen. So lange Schierke noch nicht eigentlicher Aufenthaltsort von Sommergästen war, sondern nur zu flüchtiger Einkehr der allermeist zum Brocken wandernden Harzreisenden diente, mochte das einfache Haus mit nur ein par Fremdenkammern neben der Wirtsstube samt Stallgebäude und Wagenremise, wie es weit bis über die Mitte unseres Jahrhunderts bestand, genügen. In diesem bescheidenen Umfange bestand es noch, als, wie wir sahen, der Brockenwirt Schwanecke 1874 die Schenke auf neun Jahre erpachtete und durch seinen Vertreter Steinhoff verwalten ließ. Schon ein Jahr vor Ablauf dieser Pachtzeit trat Herr Schwanecke zurück und das Wirtshaus ging zu Michaelis 1879 an den bisherigen Schluftpächter Martin Hoppe über. Dieser Wechsel ist auch deshalb bemerkenswert, weil von nun ab die Schluft, ebenso wie die Hohne, aufhörte, ein eigentlicher Viehhof zu sein, wo das Vieh durchwintert wurde. Beide Stellen dienten hinfort nur als Sommerweide.

Nicht lange war mit dem 1. Oktober 1885 die erste sechsjährige Pachtzeit abgelaufen und ein neuer Vertrag auf die gleiche Dauer abgeschlossen, als sich eine sehr bedeutende Erweiterung der „Schenke" als ein dringendes Bedürfnis herausstellte. Diese wurde im Jahre 1888 durch die Aufführung eines ansehnlichen Logierhauses mit Saal ins Werk gerichtet. Sieben Jahre bestand nun das alte Dorfkruggebäude neben dem ganz neurümlichen, für vornehme Kur- und Sommergäste eingerichteten Herbergs- und Saalbau und bot ein gar merkwürdiges vergleichendes Bild des alten und neuen Schierke dar. Für das mehr und mehr sich steigernde Bedürfnis von Wohnungen für Kurgäste erwies sich aber bald auch der neue Bau trotz der mittlerweile entstandenen und durch An- und Seitenbauten vergrößerten anderen Gasthöfe als unzureichend, und so wurde, nachdem im Dezember 1892 der alte Pächter Martin Hoppe gestorben war, etwa drei Jahre später, am 16. Oktober 1895, von dem Sohne der Plan für den Neubau eines Gasthofs an Stelle der alten herrschaftlichen Gastwirtschaft vorgelegt. Dieser Bau wurde gestattet, und jetzt ist die ehemalige Schenke verschwunden, und da wo sie gestanden überragt nun ein dreistöckiger Bau das seit acht Jahren vorhandene Logierhaus mit seinem Speisesaale.

Wer in der Lage war, das Schierker Thal vor einem Jahrzehnt aus eigener Anschauung und Erfahrung zu kennen und es dann, ohne von dem, was hier seitdem geschah zu wissen, in unsern Tagen bei dem Leben und in den Farben des Sommers wiederzusehen, dem wird der gewaltige Wandel wie ein Märchen aus „Tausend und eine Nacht" vorkommen. Freilich giebt es nun auch einen früher in dieser Weise nie gekannten Gegensatz zwischen dem Schierke im Sommer und dem im Winter und der ungünstigen Jahreszeit. Die neuen Anlagen sind, von der Kirche abgesehen, nur für den Sommer errichtet und stehen im Winter wie leere Hüllen da. Im Sommer ist Schierke ein volkreicher Ort. Die Seelenzahl der dauernd ansässigen einheimischen Bevölkerung ist, wie noch die letzte, anfangs Dezember 1895 vorgenommene Zählung ergab, durch die jüngste Entwickelung durchaus nicht wesentlich gehoben. Sie trägt hierbei zur Sommerzeit in leicht erklärlicher Weise einen nicht geringen Gewinn davon. Dagegen sind auch ihr sowie der Kirche und Schule neue schwierige Aufgaben gestellt, die in der eigentümlichen Verbindung von körperlicher Thätigkeit als Wald-, vereinzelt auch Steinarbeiter und dem geschäftlichen Sommergewinnst durch Vermieten und Verpflegung der wechselnden Besucher begründet sind.

Angesichts des hier hervorgehobenen Wandels, der wenigstens für die Sommerzeit den ehemaligen versteckten Hütten- und Holzarbeiterort Schierke zu einer Stätte eines bunten, reichen Kurlebens umgeschaffen hat, möchten wir mit einer Beobachtung schließen, die der bekannte Naturphilosoph und Gebirgsforscher Heinrich Steffens, ein eifriger Harz- und Brockenwanderer, der im Mai 1806 auch mit Schleiermacher und Hörern aus Halle über Schierke wandernd den Brocken erstieg, über diesen gesteigerten, die einst stillen Harzwälder in einen Schauplatz regsten Lebens umschaffenden Sommerverkehr gemacht hat. „Das ganze Gebirge," sagt er darin, „ist fast wie eine anmutige Felsenpartie in einem mächtigen Park geworden. Für die Hexen ist gar kein Platz mehr. Damen und Herren in Tragsesseln und auf Eseln reitend, Reisende aller Art, aus der Ferne, wie aus der Nähe, lärmende Handwerker, jubelnde Studenten traten uns entgegen, wo wir uns in wüste Schluchten und Thäler verlieren mochten. Wenn wir Berggeister erwarten, begrüßen uns Marqueure, und die Menge des Volks scheint das Gebirge platt zu treten."

„Und dennoch," fährt Steffens fort, „muß man bekennen, daß eben dieser freudige Vereinigungspunkt so vieler Menschen, die sich alle glücklich fühlen, dieses Gewimmel den Gegenden einen ganz eigenen Reiz giebt. Es ist die Natur, die sich vor der Geschichte beugt, wenn das Gebirge gleichsam wie weich wird und Teil nimmt an dem allgemeinen Jubel. Wie ich es im hohen Norden kennen lernte, ruht es verschlossen in sich und birgt die stumme Klage in der eigenen riesenhaften Brust."[1]

---
[1] H. Steffens. Was ich erlebte. IV, S. 11 und 12f.

fast möchte man gegenüber dem gesteigerten Verkehr und den zahlreichen, vielfach großartigen Anlagen der Gegenwart jenes Leben, wie es sich einem Steffens vor drei Menschenaltern offenbarte, als stillen Waldesfrieden bezeichnen. Ungleich mehr wie damals haben wir Gelegenheit zu beobachten, wie sich die Natur vor der Geschichte beugt. Und wenn wir etwa von der Höhe oder von einer Stufe des Barenbergs aus den Blick über das vor uns liegende Schierke mit dem darüber sich erhebenden mächtigen Brocken schweifen lassen, so werden wir uns der so harmonischen und segensreichen Vermählung der ihre Größe allzeit behauptenden Natur und des menschlichen Kunstfleißes bewußt, der dieser Natur seinen Stempel aufdrückt und in Erfüllung eines verheißungsvollen göttlichen Befehls die Erde sich unterthan gemacht und auch das entlegene klippenreiche und dunkle Felsenthal zu einem Geist und Körper erquickenden Ruhesitz umgeschaffen hat. Auf der Höhe thronend mahnt uns das Kirchlein mit seinem Geläut und seinem zur Höhe weisenden Turme angesichts dieses erhebenden Bildes daran, daß der Mensch, die Krone der irdischen Schöpfung, sich dieses Einklangs voll bewußt werde und dem die Ehre gebe, in welchem das Reich der Natur, wie das des Geistes Ziel und Ursprung hat.

Kleine Erzählungen in Schierker Mundart.

Enne Vortellige von 'n Ha°senete.[1]

En ölder Schierekscher ging ma°l na°h'r Schtadt (Warregero'e). Opp'n Marchte steht hei en Ding, wat 'ne vorkimmet wie sau'n recht gröt Ei. Hei biwundert dat Ding, kann a°wer nich klauk drut wär'n, wat et is. Endlich fräggt'e enne Hekerfrue:[3] „Gude frue, seen[3] Set meek doch 'ma°l, wat dat forr'n Ding is." „U°wer Vetter," seggt dei frue, dei hei fraug: „Ji kenn'n kein Ha°senei?" „Nä, mine leiwe frue, dat kenne eek nich." „Na, denn nähmet dit ma°l midde un selt Jich dropp, dann kenn'n Ji en junken Ha°sen utbringen." Dei Schierksche na°hm dat Ding medde un satte seek a°n'n Karchbarge dropp. Endlich a°wer wa°r hei mäue un schleip in. Wie hei wedder opwa°ke, da° ränge[4] hei seek eersch' ma°l, un wie d' Blitz kulldere dat Ei en Barg runder. Dorch dat Hulldern wa°r dichte drundere en Ha°se oppejocht un leip, wat'e loop'n konne, d'rvon. Wie dat dei Mann sahg, reip'e hinderedorch: „Kumm her, min Häseken,

---

[1] „a°" (kein Doppellaut) ist dumpf wie das schwedische å in Torneå oder wie englisch to call, wall, tall zu sprechen.
[2] Höderin.
[3] sagen.
[4] reckte.

eek bin jo bīen Va°ter!" Awer nīin Häseken leit
nīscht saihn¹ von Kinderliewe un leip wider vōrt.

Von 'n Papejen.

En Schierekscher junker Minsche ging ma°l in
'ner groten Schtadt a°hu'n Bōme vorbi, wu'n
Gescheppe drinne sa°t, wie'n groter Voggel; un
dat reip ut den Bōme: „Guten Tag!" Dei
Schierekschē na°hm schwinne siene Mitze a°f un
sä'e: „Ach, nähm'n S't doch man nich ewwel,
gnädige Harre, eek dachte, Sei wa°r'n en Voggel".
„Ole dumme Kährl," reppet da° en Minsche, „dat
is jo'e en Papejen!"

De Ka°lhälse von Warregero'e.

Marielieschen² Hilmes junk ma°l met ērer
Dochter Hannetortchen³ na Warregero'e. Wie se
nu vor de Schtadt ka°m'n un bejähnten⁴ en Deil
fruhnsli'e, da° wundere seek Hannetortchen hellesch,
dat dei Warregerēschen fruhnsli'e underu Koppe
sau ka°kige⁵ Hälse harrn, un sä'e vorr siene Mutter:

¹ sehen.
² Marie Elisabeth.
³ Johanne Dorothee.
⁴ begegneten.
⁵ schmächtige, dünne. Die Bedeutung von Kāl Ka°l läßt
sich nicht an die bei Hildebrand (Grimm'sches Wb. 5 Sp. 47
ff. angeführten: Schandpfahl, Schandkorb oder Kāle das
Gelbe am Schnabel junger Vögel, wohl aber an Kakel =
Gegacker anschließen. Zu Lande (z. B. Drübeck) nannte man
früher scherzhaft den Gänsehirten General Kielkāl (Kiel Kāl).
Als Kālvogel wurde also wohl nach ihrem Gackern oder
Schnattern die Gans genannt. Jedenfalls versteht man unter
Kāl- oder Ka°lhals lange, magere, kahle Hälse: Gänse- oder
Kranichhälse.

„Kuckemaͦl, dise Kaͦkhälse, dise Kräppels!"[1]
„Uͦwer Mäken," sä'e Marielieschen, „danke unsen Harrgott, dat Du Dine vullständnigen Gliedere heßt."[2]

Erzählt Juni 1896 von Wilhelm Wenzel aus Schierke, jetzt in Wernigerode. Zum Verständnis der letzteren Geschichte ist daran zu erinnern, daß bis in unser Jahrhundert hinein die Kröpfe bei den Frauen von Schierke eine fast allgemein verbreitete Erscheinung waren. (Vgl. oben S. 76 f.)

---

[1] Krüppel.
[2] Etwas anders gewendet, lautet die Antwort der Mutter nach der häufigeren Gestalt dieser Anekdote: „Kind, schpotte nich, sî frö'e, dat du bîn Geschicke heßt."

Ottofels.

Bemerkungen über geologische Verhältnisse.

Inmitten des Brockengranitgebietes liegt Schierke wahrhaft malerisch. Imposant ist der Eindruck, den das ausgedehnte Felsenmeer mit den kolossalen wollsackähnlichen Granitblöcken, die im Orte selbst und in dessen Umgebung zerstreut lagern, auf den Besucher macht. Die Entstehung der Granitblöcke ist wohl dadurch bedingt, daß die Verwitterung des Granits den das Gestein durchsetzenden Klüften nachgeht, die nächstliegenden lockeren Partieen in Grus umgewandelt werden und die Zentralmassen in Form abgerundeter Blöcke zurückläßt. In der Nähe der Wohnungen des Ortes gewahren wir zwischen den Granitblöcken Anlagen von kleinen Gärten, bemerken kleine Flächen, die zur Grasnutzung dienen, sowie auch Beete, die zur Frühjahrszeit mit Kartoffeln bepflanzt werden.

An der Bodengestaltung der näheren Umgebung von Schierke hat zweifellos die Wirkung des reißenden Wassers der Kalten Bode mit ihrer regellosen Bahn großen Anteil. Als interessante vereinzelt stehende Pfeiler des Brockengebietes, die der Verwitterung kräftigen Widerstand leisteten, präsentieren sich die Feuersteinklippen oberhalb Schierke und die in südlicher Richtung gelegenen bekannten, ca. 80 Fuß hohen, Schnarcherklippen.

Letztere besitzen die Eigenschaft, auf die Magnetnadel stark ablenkend einzuwirken. Die stärkste Ablenkung des Felsens zeigt sich in etwa Meterhöhe vom Erdboden aus. Ein kleines in das Gestein eingehauenes Kreuz bezeichnet die Stelle näher.

Von den Ahrensklinter Klippen, an deren Fuß eine Schutzhütte des Harzklubs steht, ist die nördliche, durch Anbringung von Leitern bequem besteigbar gemacht und bietet ein hübsches Panorama des Hochgebirges vom Brocken, Achtermann, Rehberg, Wurmberg, den Winterbergen, Schnarchern bis zu den Bergen des Südharzes. In östlicher Richtung herrliche Aussicht in das tiefe Bodethal und Ausblick auf einzelne Häuser und Kirche von Schierke.

Auf der Grenze des Granits tritt das veränderte Contactgestein auf, auch Contacthof genannt.

So verschieden dessen Beschaffenheit auch ist, je nachdem es aus Thonschiefer oder Grauwacke entstanden ist, hat man es unter dem Kollektivnamen Hornfels zusammengefaßt. Der Hornfels geht allmählich in die unveränderten Sediment-Gesteine über, schneidet dagegen überall mit scharfer Kante gegen den Granit ab. Indes auch verschiedene Kuppen der umliegenden Berge besitzen Hornfelsauflagerungen, so der Erdbeerkopf, der große und kleine Winterberg, der Wurmberg rc.

An der Hagenstraße, unmittelbar an der Wormkebrücke am linken Gehänge, steht sehr feinkörniger Ganggranit an. Wenige Schritte weiter, im Forstort Knaufsholz, finden wir im Hornfelsgestein des Contacthofes Knotenschiefer. Weiter auf dem Wege nach den Dretannen zu liegen links und rechts von der Chaussee große Blöcke von Diorit, die von der basischen Bandzone des Granits, die sich von dem Wormkethale über das Hohnehaus bis zum Thumkuhlenthale bei Hasserode hin erstreckt. Diese Bandzone enthält Amphibolgranit, Quarz-Diorit, Augit-Diorit ꝛc.

Auf dem Wege von Schierke nach Elend, durch das Kalte Bode- oder Elendsthal, überschreitet man die Granitgrenze und befindet sich dann im Contacthofe, dem metamorphosierten Wieder Schiefer, der bis Elend hinab reicht. Hier treten die westlichen Randgesteine der großen Elbingeröder Devonmulde auf. Es folgen nach einander Unterer Wieder Schiefer, Haupt-Quarzit, Oberer Wieder Schiefer. Weiter sind es im Innern der Mulde in der Richtung nach Mandelholz und Rothehütte die Eruptivgesteine, Diabas und Keratophyr, die sedimentären Formationsglieder Elbingeröder Grauwacke und Schalstein, sowie die Stringocephalen- und Ibergerkalke mit den Braun-, Rot- und Magneteisenerzen. Alte Pingen und Stollen, u. a. bei Mandelholz, deuten an, daß hier in der Vorzeit ausgedehnter Eisenerzbau betrieben worden ist.

Schl.

Flora
im Gebiete von Schierke und dem Brocken.

Wir finden da: Affenbeere, Alpenbärlapp, Alpenbinse, Alpengoldrute, Alpenhabichtskraut, Alpenleinkraut, Alpenmilchlattich, Ampfer, aronblättriger, Andromeda, poleyblättrige, Bärlapp, flacher, keulenförmiger, sprossender, Bartflechte, gemeine, Bergnelkenwurz, Bergschildfarn, Bergwohlverleih, Binse, fadenförmige, sparrige, Birke, weichhaarige, Blaubeere, Brockenanemone, Brockenhabichtskraut, Brockenmyrte, Buchenfarn, echter, Dreifaltigkeits-Blümchen, Eberesche, Ehrenpreis, arzneilicher, Eller, Else, Erle, graue oder nordische, Felsenlabkraut, Fichte, gemeine, Fingerhut, roter, Frühlingswasserstern, Gebirgshabichtskraut, Gebirgslöwenzahn, Gebirgsschildfarn, Habichtskraut, gemeines, Hahnenfuß, sturmhutblättriger, Hainkreuzkraut, Hainsimse, rote, Heide, gemeine, Heidelbeere, gemeine, Herbstlöwenzahn, Hexenbesen, Himmelfahrtsblume, Höswurz, weißliche, Katzenpfötchen, Knieholz, Korallenwurzel, Krähenbeere, Kronsbeere, Lärche, Linnäe, nordische, Maiblume, quirlige, Marbel, rote, vielblütige, Moorbeere, Moorbirke, Moosbeere, Moos, isländisches, Natternknöterich, Preißelbeere, Quitsche, Rasensimse, Renntierflechte, Rippenfarn, Rosmarinheide, Rottanne, Ruchgras, gemeines, Sauerampfer, Schattenblume, zweiblättrige, Schildfarn, stachliger, Schilf, gemeines, Hallers, lanzettblättriger, Segge, armblütige, scheidige, starre, Selaginelle, wimperzähnige, Siebenstern, europäischer, Sonnentau, rundblättriger, Straußgras, gemeines, Sumpfbärlapp, Sumpfblutauge, Sumpfheidelbeere, Tannenbärlapp, Torfmoos, kahnblättriges, Tormentillfingerkraut, Veilchenalge, Veilchenmoos, Vergißmeinnicht, steifhaariges, Waldmarbel, Waldruhrkraut, Waldstorchschnabel, Weide, zweifarbige, Wiesenknöterich, Wiesenrispengras, Wollgras, scheidiges, schlankes, schmalblättriges, Zweiblatt, herzblättriges, Zwergbirke, Zwergkiefer.

 Für sich für die Pflanzenwelt Interessierende wollen wir nicht verfehlen, auch an dieser Stelle auf das neu erschienene Buch von Franz Bley, die Flora des Brockens, ganz besonders aufmerksam zu machen. In demselben sind sämtliche oben angegebenen Pflanzen auf farbigen Tafeln nach den künstlerischen Entwürfen des Herrn Bley abgebildet. Das Buch erschien im Verlage von Gebr. Bornträger, Berlin.

 Auf dem Terrain der Villa Gruson liegt der von dem verstorbenen Fabrikbesitzer Gruson mit vieler Sorgfalt und Geschmack angelegte Botanische Garten, welcher eine reiche Flora alpiner Pflanzen bietet. Dieses Eden für Botaniker wird Fremden nach Anmeldung zur Besichtigung freigestellt.

Gesundheitspflege.

Dr. Haug's Sanatorium,
Kur- und Wasserheilanstalt in Schierke.

Von allen Kurorten des Harzes hat im letzten Dezennium Schierke mit Recht den bei weitem größten Aufschwung genommen; denselben verdankt es seiner hervorragend günstigen Lage. 2000 Fuß ü. d. M. inmitten eines waldreichen Hochgebirges gelegen, charakterisiert sich das Klima trotz seiner Höhenlage als ein außerordentlich mildes. Diese Eigenschaft verdankt es dem absoluten Schutze durch den Brocken und die übrigen umgebenden höchsten

Gipfel des Harzes und, da nach Süden offen, seiner sonnigen Lage und steten Nebelfreiheit.

Das auf einer Anhöhe freigelegene Sanatorium ist eigens als solches erbaut und wird durch die erfrischenden Tannenwälder, welche unmittelbar zu dem Wohnsitz hinabsteigen, geschützt. Mit großen luftigen Zimmern versehen, ist dasselbe aufs Behaglichste eingerichtet und bietet, mit allem Komfort der Neuzeit versehen, von seiner erhöhten Lage die herrlichste Rundschau und einen wundervollen Blick auf die romantische Bergkette. In der Anstalt herrscht wohlthuendste Ruhe. Zeitungen wie andere Journale und Bücher sind dem mit anliegender geschlossener Veranda versehenen Lesezimmer zu entnehmen. Gemeinsame Unterhaltungen finden in einem für sich gelegenen, mit Pianino versehenen Konversationszimmer statt.

Aufnahme finden, mit strengem Ausschluß von Geistes- und Lungenkranken, Kurgebrauchende und deren Angehörige, sowie Erholungsbedürftige und Rekonvaleszenten, für welche es in Betracht kommt, in der Familie und unter der Fürsorge eines Arztes zu leben oder welche ohne besondere Kuren die Annehmlichkeiten eines ruhigen, komfortablen Hauses genießen wollen.

Die großartige, stille Gebirgsnatur, die Ozonfülle der Luft, das energisch anregende Klima wirken besonders günstig auf Nervenleiden, wie Neurasthenie, Hysterie, Hypochondrie, leichte melancholische Depressionszustände, nervöse Dispepsie, Angstzustände, Migräne, Apoplexie, Basedow'sche Krankheit u. s. w. Mit bestem Erfolge werden ferner Skrophulose, Anaemie, Chlorose und Fettsucht, Magen- und Darmkatarrhe, Leber- und Milzanschwellungen, Rheumatismus der Muskeln und Gelenke, Herzkrankheiten, sowie Morphinismus und Cocainismus behandelt.

Wegen genauer Ueberwachung der Ernährung der Patienten befinden sich Küche und Keller in eigener Verwaltung des Arztes und wird für ausgezeichnete Verpflegung stete Sorge getragen. Kuhmilch von vorzüglichem Gehalt wird aus eigenem Kuhstall geliefert. Das mit dem Sanatorium durch eine geschlossene Halle verbundene Badehaus steht unter der Leitung einer Schwester und ist mit geschultem Badepersonal versehen. Das Trinkwasser, sowie das unter hohem natürlichen Drucke den Douchen und Bädern zugeführte Gebirgswasser ist von vorzüglicher Güte, Klarheit und Frische. Außer milder Wasserbehandlung, als Frottierungen, Einpackungen, temperierbaren Brausen und Douchen, kommen alle Arten Bäder, Fichtennadel-, Sool-, Kohlensäure-, Stahl- und Moorbäder, Massage, Heilgymnastik und Elektrizität, Luft-, Terrain-, Diät- und Mastkuren nach genauester Individualisierung zur Anwendung.

Für vollständige Verpflegung und Wohnung, ausschließlich ärztlicher Behandlung und Bäder, sind täglich 6 bis 10 Mk., je nach Lage und Größe des Zimmers, zu entrichten. Begleitende, welche dasselbe Zimmer bewohnen, zahlen täglich Mark 5,50. Außerhalb der Anstalt wohnende Patienten haben wöchentlich für vollständige Beköstigung Mark 30,00 zu entrichten. Jeder Kurgast ist laut Hausordnung verpflichtet, die Wohnung 8 Tage vor seinem Fortgange zu kündigen.

Schierke.

Laßt doch die Stadt
  mit ihrem Staub,
Eilt in den Wald hinaus,
Ruht unter frischem, grünem Laub
  Von Sorg' und Arbeit aus.
Steigt auf die Höh'n, wo frische Luft,
Gewürzt mit Tannennadelduft,
Auf's neue Euch belebt,
Die Brust Euch kräftig hebt.

Dort oben an des Brockens Hang,
  So ganz nach meinem Sinn,
Streckt sich am Bodefluß entlang
  Ein trautes Dörfchen hin;
Es schaut so freundlich manches Haus
Aus Klippen und aus Wald heraus,
Fern vom Geräusch der Welt,
Wo mir's so wohl gefällt.

An altersgraue Sagenzeit
Mahnt in dem wilden Thal,
An Fluß und Wald dahingestreut,
Manch hehres Felsenmal:
Es steigt aus Klippen hoch empor
Des Donnergottes Riesenthor;
Was Götter einst erbaut,
Man hier in Trümmern schaut.

Am Bergeshange man noch heut
Die Kaiserstraße schaut,
Die zu des alten Reiches Zeit
Quer durch den Harz gebaut;
Kann noch die Elendstraße sehn,
Sieht noch im Geist die Brüder gehn,
Die Vielen Heil gebracht,
Auf Rettung fromm bedacht.

Kaum aus dem stolzen Elternhaus,
Des Brockens Höh', entfloh'n,
Stürzt sich die Bode mit Gebraus
Hier über Klippen schon;
Gern schaut man ihrem Hüpfen zu,
Wenn, ohne Rast und ohne Ruh,
Von Stein zu Stein sie springt
Und munt're Lieder singt.

Doch bald das frohe, heit're Kind
Zur Arbeit man erzog,
Man lehrt' es Mühlen drehn geschwind
Und spannte es ins Joch;
So daß es fleiß'ger Menschen Hand
Treu helfend bald zur Seite stand
Und rüstig, Tag und Nacht,
Der Arbeit viel vollbracht.

Die Menschen in dem engen Thal,
An kühler Bode Flut,
Sie sind bescheiden allzumal
Und haben frohen Mut.
Die Arbeit bieten Stein und Wald,
Kein Korn gedeiht, weil's rauh und kalt
Und Sorg' ums „Täglich Brot"
Macht ihnen liebe Not.

Nach einer Eiche, herrlich stark,
Hart an des Flusses Rand,
Gesund und kräftig bis ins Mark,
Ist einst das Dorf genannt;
„Schier eke" nannte man den Ort,
Ein gutes, altes, deutsches Wort,
Man gleichen Sinn erkennt
Wenn man's „Schön Eiche" nennt.

Das schöne Thal, der grüne Wald,
Sie laden freundlich ein:
„Wählt Schierke Euch zum Aufenthalt,
Heilbringend wird es sein.
Der grüne Wald, die reine Luft,
Der kräft'ge Tannennadelduft
Erfrischen Leib und Blut,
Sie machen frohgemut."

Ulrich Pill

Empfehlenswerte längere und kürzere
Spaziergänge
in die Umgebung von Schierke.

Tagesgänge.

1. Schierke nach Ilsenburg über das Brockenbett.

Von Schierke über Ahrensklint oder alte resp. neue Brocken-Chaussee bis zum Brockenbett, von der Ilse-Thal-Chaussee entlang nach Ilsenburg 3½ Std. Zurück über Ilsenstein, Forsthaus Plessenburg, Forsthaus Hohne, von letzterem, entweder Kirchsteig mit mächtiger Steigung oder Glashüttenweg, Königin-Kapelle (empfehlenswerte Aussicht mit besteigbarem Felsen über Feuersteine und Schierke (4 Std.)

2. Schierke nach Andreasberg.

Von Schierke durch Schluft, Sandbrink, dreieckiger Pfahl, Oberbrück, 3 Std. Von hier nach Oderteich ¼ Std. oder Rehbergergraben, Andreasberg. Im Ganzen 4 Std. Zurück über Rinderstall, Braunlage oder Oberhaus, Waldmühle. Braunlage, von hier Fußweg nach Schierke.

3. Schierke-Rübeland.

Von Schierke Fußweg Elbingerode nach Rübeland.

4. Schierke Steinerne Renne.

Von Schierke über Feuersteine, Leistenklippen, Ottofels, Steinerne Renne (3 Std.) Zurück Forsthaus Hohne, Kirchsteig.

Halbe Tagesgänge.

1. Schierke durch Schlust n. d. Königstanne 1 Std.
2. „   „ Eckerloch „ „ Brocken 2 „
3. „   Ahrensklint unt. Klippen, Renneckenberger Schutzhütte, alte Brocken-Chaussee n. Schierke, 3 Std.
4. „   Elend, Mandelholz, 1 Std., Fußweg durch Worke.
5. „   Schnarcher, Schusterklippen, Elend, 1½ Stunde.
6. „   Wurmberg, den halben Weg zurück, 1 Std.
7. „   Braunlage über Elend, 2 Std.
8. „   Feuersteinsklippen, Feuersteins-Chaussee zurück, 1½ Std.
9. „   Ahrensklinterklippen, ½ Std.
10. „   Schnarcher, ½ Std.
11. „   Hohne, 1¼ Std.
12. „   Elend, 20 Min.
13. „   Königstanne, ¾ Std.
14. „   Leistenklippe, 1 Std.

Pr.

Von der
Bewölkung des Brockens
hergeleitete
Wetterregeln.

———

1.
Grüßt der Brocken die Morgen-
sonne,
Endet der Tag zumeist in Wonne.

2.
Zieht früh der Brocken sein
Käppchen ab,
Dann greif getrost zum Wanderstab.

3.
Gestern früh noch grau,
Heute früh doch blau;
Brockens froh Gesicht
Gut Wetter verspricht.

4.

Abends im Nebel, morgens im Licht,
Täuscht der Brocken den Wanderer nicht.

5.

Wird der Brocken erst mittags munter,
Zieht er die Mütz' gern wieder herunter;
Doch ward er lange eingeweicht,
Giebt's Trost, wenn er sich mittags zeigt.

6.

Erscheint der Brocken grau und kalt,
Der Ostwind säubert ihn oft bald.

7.

Umhüllt Dich an einem schönen Tag
Im Brockenhaus eine Wolke jach,
So wisse, daß du dich zu Gast
Bei einem Gewitter geladen hast.
Laß Feuer dann und Wasser toben,
Bis deiner Angst du wirst enthoben.

8.

Morgens blau,
Abends grau,
Ist des Brockens Regenschau.
Fehlt's im Winter an Regen,
Zieht die Kälte den Degen.

9.

Bedeckter Brocken bei Nordwest
Gut Wetter nicht bald hoffen läßt
Doch steigt die Wolke erst bergan,
Bricht auch die Sonne sich wohl Bahn.

10.

Daß Wolken ihn bedrängen,
Ist **Brockens** altes Loos;
Wenn sie zu tief nicht hängen,
So achtet man's nicht groß.

Daß ihm der Wolkenkragen
Bis auf die Schultern sank,
Sieht man an vielen Tagen,
Darum wird Keinem bang.

Wenn ihm bis an die Hüften
Der Wolkenmantel reicht,
So droht es in den Lüften;
Man nimmt das nicht mehr leicht.

Und steckt im Wolkenschwalle
Er gar bis auf die Knie,
So ist mein Rat an Alle,
Daß man ins Trockene zieh.

Vorstehende Wetterregeln sind keine Bauernregeln, sondern beruhen auf vieljährigen, sorgfältigen, unter physikalischen Gesichtspunkten geprüften Beobachtungen. Mögen Anwohner und Gäste des Harzes dieselben weiter prüfen und womöglich vervollständigen. H. W. H.

Post und Verkehrswesen.

Bekanntmachung.

Die Post- und Telegraphendienststunden der Postagentur in Schierke für den Verkehr mit dem Publikum sind vom 1. Juni ab, wie folgt, anderweit festgesetzt:

a. an Werktagen:
von 7 bis 10 Vorm.,
„ 11 Vorm. bis 1 Mitt. und
„ 3 bis 7 Nachm.

b. an Sonntagen und allgemeinen Feiertagen:
von 7 bis 9 Vorm.
„ 12 „ 1 Mitt.
(nur für den Telegraphendienst) und
von 5 bis 6 Nachm.

Kaiserliches Postamt.
In Vertr. Sievert.

Post- und Omnibus-Fahrplan
Sommer 1896.

a. Omnibusse Wernigerode—Hasserode
(Kühne u. Grosch.)

Von Wernigerode 8^{45}, 9^{00}, 12^{00}, 1^{00}, 1^{15}, 3^{00}.
Von Hasserode 11^{00}, 12^{00}, 2^{00}, 6^{45*}, 7^{00}.

b. **Omnibus Wernigerode—Brocken** (Kühne).
Von Wernigerode 7⁰⁰, vom Brocken 4⁰⁰.

c. **Omnibus Wernigerode—Schierke** (Grosch).
Von Wernigerode 8⁴⁵, von Schierke 2⁰⁰ u. 5³⁰.

d. I. **Fuhrwerk** (Unternehmer Randolff).
Ab Wernigerode Bahnhof 8⁴⁵ V.
ab Wernigerode Ort 9 V. ab Dreiannen 10³⁰ V.
in Schierke 12 Mittag.
Ab Schierke 4⁴⁵ N. ab Dreiannen 5¹⁰ N.
in Wernigerode 6¹⁵ N.

II. **Fuhrwerk** (Unternehmer Wolter).
Ab Wernigerode Ort 2⁴⁰ N.
ab Wernigerode Bahnhof 3 N.
ab Dreiannen 4³⁰ N. in Schierke 6 N.
ab Schierke 7⁴⁵ V. ab Dreiannen 8³⁵ V.
In Wernigerode 9³⁵ V.

e. **Omnibus Ilsenburg—Brocken** (Basse).
Von Ilsenburg 10⁰⁰; vom Brocken 4⁰⁰.

f. **Omnibusse Elbingerode—Schierke und Brocken**.
Von Elbingerode (via Signalfichte) 7⁵⁰, 2⁴⁰, 3⁴⁰.
   desgl. (via Rothehütte—Elend) 3⁴⁵ (bis Schierke).
Vom Brocken 8²⁵, 2⁴⁵.
Von Schierke 10⁰⁰, 4²⁵, 7⁰⁰.

Geschäfts-Anzeiger

empfehlenswerter

Hotels,

Gasthäuser und Geschäfte

von

Schierke u. Umgegend.

Hoppe's Gasthaus und Pension, Schierke.

Aeltestes Gasthaus am Platze.

Auch im Winter geöffnet.

Durch Neubau bedeutend vergrössert.

Schierke.
Wasch- und Plätterei
von **W. Wenzel VI**
empfiehlt sich den geehrten Sommergästen zum **Waschen** und **Plätten** jeder Art **Wäsche**.
Schnelle und saubere Bedienung.
Auch sind daselbst schöne
═══ Sommerwohnungen ═══
zu vermieten, nahe am Walde.

Carl Winkler,
Schierke,
empfiehlt den geehrten Herrschaften
seine
Conditorei und Bäckerei
aufs angelegentlichste.

Außerdem halte mein Kutsch-
fuhrwerk bestens empfohlen.

A. Vesterling,

Schierke.

Grösstes Lager von

Harzandenken, Harzansichten und Bergstöcken.

Reichhaltige Auswahl von

Holz-, Glas-, Schnitz-, Kurz-, Galanterie- und Posamentierwaren

zu mässigen Preisen.

2 Geschäfte.

1. **Oberschlerke,** 2 Minuten von Fürstenhöh.
2. **Unterschlerke,** vis-à-vis der Oberförsterei.

Photogr. Atelier
für Portrait u. Landschaften
in Schierke,
neben Hotel Fürstenhöh,
hält sich bei Bedarf von **photographischen Aufnahmen** jeder Art in und ausser dem Hause bestens empfohlen.
Gute Ausführung zugesichert.
Mässige Preise. Schnellste Lieferung.
Um freundlich. Zuspruch bittend, zeichne
hochachtungsvoll
Fritz Gerecke.

Höhenkurort
Braunlage i. Harz.
W. Bartels

Hotel Stadt Braunschweig

altes, gut renommiertes,
2 Minuten von der Post und vom
Walde gelegenes Hotel,
empfiehlt seine der Neuzeit entsprechend eingerichteten **Zimmer** zu zivilen Preisen.

Großer schattiger

Garten

mit einem
Spielplatz für Kinder.

Gutgepflegte Weine.   Gute Betten.
Table d'hôte 1 Uhr.
Speisen à la carte zu jeder Tageszeit.
Franz. Billard.
Hiesige und Münchener Biere.

Lohnfuhrwerk.

Aufmerksame Bedienung.   Pension im Hause.

Hotel-Pensionat Waldmühle,
Elend i. Harz. Besitzer: Friedrich Witte.

Table d'hôte 1 Uhr. à la carte zu jeder Tageszeit.
Münchener und helle Biere vom Faß.
Pension 4—5 Mk. Logis von 1,25 Mk. an. Post und Telegraph im Hause.
Wagen zur Weiterbeförderung vorhanden. Aufmerksame Bedienung — mäßige Preise.

Höhenkurort Braunlage im Harz.

Berg-Hôtel, Bes. O. Eggeling, Luftkurort Braunlage im Oberharz.

Berg-Hôtel

mit den Villen „Clara", „Gertrud" und „Margarethe" als Dependenzen. Bevorzugte Lage am Walde. Anerkannt vorzügliche Verpflegung. Beste französische Betten. Pension 35,— Mk. bis 45,— Mk. pro Woche.

Besitzer: C. Eggeling. Haus I. Ranges.

Im Verlage von B. Angerstein erscheint:

Wernigeröder Intelligenzblatt,
Amtliches Kreisblatt der Grafschaft Wernigerode.
100. Jahrgang.
Wirksamstes altbekanntes Insertionsblatt.
Täglich erscheinendes Blatt d. Kreises Wernigerode.
Preis pro Zeile 10 Pfg.   **Auswärts 15 Pfg.**

Der Tier-Handel.
Allgemeines landwirtschaftlich. Anzeigenblatt.
Über ganz Deutschland verbreitetes Insertionsorgan
à Zeile 20 Pfg.
Abonnementspreis 50 Pfg. pro Quartal.
Postzeitungsliste No. 46016 A.

Elbingerode.
Der Harz-Bote.
Amtliches Blatt des Amtes Elbingerode.
15. Jahrgang.
Erscheint wöchentlich zweimal in grossem Zeitungsformat. **Preis pro Zeile 15 Pfg.**

Harzburg.
Harzburger Wochenblatt.
Anzeiger für den Amtsbezirk Harzburg.
Erscheint wöchentlich viermal.
Preis pro Zeile 15 Pfennig.

Amtliche Harzburger Fremdenliste.
Herausgegeben vom Herzoglich Braunschweig. Kur-Kommissariat.
Dieselbe orientiert die Harzburg besuchenden Fremden über alles für längeren oder kürzeren Aufenthalt Nötige.

Schierke.

Fürstenhöh.
Wirkliches Heim der besseren Gesellschaft.

Post und Telegraph im Hause.

Die Direktion:
Otto Preusse.

Schierke. Schierke.

Hôtel Pension

Waldfrieden

unmittelbar am

Fuße des Brockens

vorzüglich geschützt

gelegen und

ärztlich empfohlen.

Die Verwaltung

Fr. Wedekämper.

Carl Müller, Schierke i. H.,

empfiehlt sein

Schuhmachergeschäft

aufs beste.

Wasserdichte Gebirgsstiefel, sowie feine Damenarbeit

werden auf Bestellung nach Maß binnen kurzer Zeit angefertigt.

Im Verlage von **B. Angerstein, Wernigerode**, erschien:

Jlsenburg

als Sommeraufenthalt.

4. vermehrte und verbesserte Auflage.

Apotheke zu Braunlage
von
H. Frohwein.

Niederlage der Weingrosshandlung
von E. Herweg & Co. in Wolfenbüttel.

Medizinische Weine, Apfel-, Heidelbeer-, Johannisbeerwein, Arrak, Cognac, Rum, Kefir, Liköre.

Fruchtsäfte: Himbeer-, Kirsch-, Johannisbeer-, Erdbeersaft.

Natürl. Mineralbrunnen, natürl. Mineralsalze, künstl. Mineralsalze von Sandow.

Kakao, Kakes, Chocoladen, Bonbons, Thee in versch. Packungen und Preislagen.

Fleischextrakt, Peptone, Somatose, Meat juice, Fleischsolution, Kindermehle, Lahmanns Präparate, Leguminose, Hafergrütze, Hafermehl, Gerstenmehl, Suppentafeln und andere Nährmittel.

Rohseidene Umschläge, Gummiwaren, Verbandstoffe, Artikel zur Krankenpflege.

Gesundheitsbrot (sehr leicht verdaulich und nahrhaft) von Dr. Vogeler u. Apotheker Peters. Wurmbergbittern.

Chemikalien zur Photographie
u. s. w.   u. s. w.

Nicht vorrätige Artikel werden gern und schnellstens besorgt.

Mineralwasseranstalt:
Achtermannsquelle (Braunlag. Sauerbrunnen), Selterswasser, Brauselimonaden u. s. w.

R. Peters, Apotheker.

Telephon-Benutzung Schierke-Braunlage kostenlos.
Fernsprechverbindung.

Tägl. Bote v. Schierke nach Braunlage u. zurück.

www.ingramcontent.com/pod-product-compliance
Lightning Source LLC
Chambersburg PA
CBHW022129160426
43197CB00009B/1214